La cultura y el aprendizaje:

Una primera aproximación

Nellie Louise Reagh Saunders

Compre este libro en línea visitando www.trafford.com/08-0633
o por correo electrónico escribiendo a orders@trafford.com

La gran mayoría de los títulos de Trafford Publishing también están
disponibles en las principales tiendas de libros en línea.

Universidad Autonom a de Sinaloa
Diseño de la portada / Arte por Jose Luis Perez Plascencia

Aviso a Bibliotecarios: La catalogación bibliográfi ca de este libro se encuentra en la base de datos
de la Biblioteca y Archivos del Canadá. Estos datos se pueden obtener a través de la siguiente
página web: www.collectionscanada.ca/amicus/index-e.html

Impreso en los Estados Unidos de América.

ISBN: 978-1-4251-7874-1 (sc)

Trafford rev. 08/11/2011

www.trafford.com

Para Norteamérica y el mundo entero
llamadas sin cargo: 1 888 232 4444 (USA & Canadá)
teléfono: 250 383 6864 ♦ fax: 250 383 6804
correo electrónico: info@trafford.com

Para el Reino Unido & Europa
teléfono: +44 (0)1865 722 113 ♦ tarifa local: 0845 230 9601
facsímile: +44 (0)1865 722 868 ♦ correo electronico: info.uk@trafford.com

Dedicatoria:

Para mis hijos, Vinick y Myriam quienes apoyaron y apoyan mis esfuerzos en todo momento

Para mi hijo mayor, Moisés, quien, aunque esté lejos ahora, fue el primero que me enseñó a poner atención a la cultura y fue mi compañero fiel de aprendizaje

Para Andrea, mi hija mayor y más nueva, reencontrarla fue mi mayor bendición en este trayecto

Para mi amable y muy estimado tutor José Blas Acosta Fuller, por su paciencia, por su entrega y por su fiel acompañamiento en el proyecto que dio lugar a este libro

Para mi Universidad, la Universidad Autónoma de Sinaloa, cuyo apoyo me permite seguir creciendo y aprendiendo, orgullosa de ser parte de esta gran institución, y el C. Rector Hector Melesio Cuen Ojeda, quien dirige tan atinadamente su rumbo en estos tiempos de reto y cambio. ¡Gracias!

¡Dios les bendiga a todos!

Índice

Prefacio

En una sociedad en desarrollo veloz, la formación y actualización continua se vuelven imperativos y materia nueva de reto para la educación actual. Para atender esta necesidad creciente pareciera ser la respuesta idónea el medio tecnológico del WWW, con las posibilidades de multiplicar el tiempo con cursos asincrónicos, y aprovechar al máximo los recursos humanos. De hecho, se ha incrementado el número de universidades virtuales que ofrecen carreras y programas de actualización a través del WWW y las mismas instituciones establecidas están utilizando cada día más este medio para atender las demandas de la población. Sin embargo, se ha aceptado de manera acrítica esta opción de enseñanza, sin contar con estudios previos de su efectividad, proponiéndola como alternativa de solución no solo para las necesidades de entrenamiento sino también para la educación superior.

En este sentido, se han trasladado los cursos presenciales al medio WWW sin siquiera modificar su diseño instruccional para adecuarlos al medio, limitándose a solo reproducir el paradigma del "sabio en el escenario" utilizando hipertextos diseñados como textos y actividades de aprendizaje diseñados desde la perspectiva de de la clase tradicional. Más aún, se han copiado los cursos de un ambiente socio-cultural en otro distinto, inclusive promocionando cursos a través del WWW internacionalmente, sin modificarlos, en lo absoluto, para considerar las características culturales y los estilos cognitivos del alumno. No se modifica ni el diseño ni el enfoque para atender a aprendices de otra cultura. Muchas veces, parece que se supone que hablar el idioma es conocer la cultura, afirmación dudosa cuando menos.

Ante esta realidad, resulta importante señalar que si bien es cierto que, a través del Internet, se construye la gran "Aldea Global" visualizada por McLuhan (1999), el encuentro de culturas y valores socioculturales totalmente distintos que suscitan allí enfatizan aún más las diferencias entre naciones y grupos sociales. La aldea global se constituye como tal en metrópolis global con los barrios diversos resultantes y las subculturas que realzan los contrastes y las variantes. En esta circunstancia, el cambio y la globalización remiten a la importancia de afianzar y comprender las diversas formas de ser e interactuar de los grupos culturales.

No obstante, aunque en el campo de la administración de empresas y el comercio internacional se han realizado amplios estudios (Hofstede, Fons Trompenaar) para tipificar y categorizar los diferentes valores culturales y su impacto en las empresas trasnacionales, ha habido escasa investigación al respecto en el ámbito educativo. Ante la incursión cada vez más frecuente de ambientes virtuales para la enseñanza y los cursos de educación a distancia o distribuidos, y en reconocimiento de los múltiples beneficios de utilizar los TIC para propósitos educativos, resulta muy importante establecer puntos de referencia acerca de las posibles diferencias culturales de los alumnos y el efecto que pudiera tener sus valores culturales preferentes en su proceso de adquisición de conocimientos. Es indudable que estos valores inciden en determinada manera en el aprendizaje y pudieran ser determinantes en la eficacia de cualquier programa educativo, tanto presencial como virtual.

¿Qué papel tienen los diferentes valores socioculturales de los alumnos (con referencia a la interacción social) en el aprendizaje? ¿Cómo afectan esa interacción los valores de los aprendices? ¿Influyen los valores en el aprendizaje? Si es así ¿de qué manera? ¿Impacta el medio empleado para la educación en las formas de interacción?

Estas preguntas, disparadoras para la investigación y resultante tesis doctoral de la autora, hacen imperativo conocer y comprender, ante todo, aquellas características culturales y personales de los alumnos que se implican en el proceso de adquisición de conocimientos en la educación formal. Aquí se comparten los resultados de dicha investigación que aborda esta problemática desde un acercamiento teórico al concepto cultura hasta la aplicación de un modelo teórico en una intervención educativa y los resultados de la misma.

Ideas iniciales: Concepto de cultura

¿Qué es la cultura? Existe un concepto de la cultura *stricto sensu* en tanto se refiere a las manifestaciones culturas de literatura, pintura, películas, televisión, arquitectura, música... En realidad, esto, lo denominado "alta cultura", solo representa una pequeña fracción de lo que es la cultura. La cultura se constituye en un modo, un patrón de vida y se expresa en términos tanto materiales [elementos tangibles del mundo (artefactos, carros, teléfonos)] como no materiales [las creencias, los valores y las normas y sanciones sociales].

Los elementos constituyentes de la cultura

En una sociedad en particular, la cultura se define como un conjunto dinámico de perspectivas del mundo, valores, normas, símbolos, significados y demás que son compartidos por un grupo de individuos que interactúan. Este conjunto se pasa de generación en generación, todo ello en evolución continua. No obstante esta particularización y diferenciación de una cultura a otra, existen características comunes a toda cultura: es aprendida, es inculcada, es fenómeno social, es gratificante y es adaptativa.

Los valores centrales de una cultura afectan mucho del comportamiento de su pueblo y pueden ser instrumentales o bien terminales. Se definen los valores instrumentales como patrones preferidos de comportamiento: medios para un fin, y a los valores terminales como estados finales preferidos: los metas que deben alcanzarse el la vida. Estos últimos conforman uno de los seis componentes básicos de la cultura: los símbolos, el lenguaje, las normas, los valores, las creencias, y los elementos materiales. Revisemos brevemente cada uno de ellos.

Los símbolos y el lenguaje son estrechamente relacionados: las personas que comparten una cultura reconocen el significado de los símbolos de su cultura e interactúan en base a este significado compartido. Los símbolos son representaciones compartidas (acordadas) tácitamente. El lenguaje, a la vez, es un conjunto de símbolos y el significado del lenguaje es negociado y definido socialmente. El lenguaje refleja nuestra teoría interna del mundo y nuestra cultura en tanto esta se concibe como un conjunto de acuerdos que rigen la vida en sociedad. Resulta interesante ejemplificar esa realidad acordada con referencia a los conceptos del tiempo y del espacio. En el lenguaje del indio norteamericano Sioux, por ejemplo, no existe vocablo para "esperar" o "tarde" – en su realidad, las cosas suceden cuando suceden. Por lo contrario, en el idioma inglés y en la cultura norteamericana, se concibe el tiempo como algo concreto, lineal, susceptible de ser dividido y utilizado.

Existe una apreciación de la escasez del tiempo: este debe ser "aprovechado", "ahorrado" y no "desperdiciado". Como contraparte, en la cultura latinoamericano, "hay más tiempo que vida" y el "ahorita", el "ahoritita" o el "momentito" suavizan la espera de una atención mucho menos inmediata.

Sapir – Whorf afirmó que el lenguaje no tan solo refleja sino influye en los valores representados por la cultura del idioma en cuestión. La hipótesis de Sapir-Whorf tiene gran incidencia en el ámbito de las diferencias culturales y además estudia la relación entre lengua y pensamiento, aspecto medular en lo cognitivo. Chandler (1994) postula que dentro de la teoría lingüística existen dos posiciones extremas con referencia a la relación existente entre lengua y pensamiento y se denominan "teorías de molde" (mould) o "teorías de capa" (cloak) Las teorías de molde representan a la lengua como 'un molde dentro del cual se forjan los pensamientos' (Bruner et al. 1956, p. 11). Las teorías de capa sustentan que 'la lengua es una capa que conforma con las categorías de pensamiento más usuales de sus parlantes. (ibid.). Chandler agrega que la doctrina que sustenta que la lengua es la ropa del pensamiento fue fundamental en la teoría literaria Neo-clásica pero que fue rechazada por los Románticos. Agrega que también hay una perspectiva relacionada (sostenida por los conductistas) que la lengua y el pensamiento son idénticos: de acuerdo a eso, el pensamiento es completamente lingüístico – no hay ningún pensamiento no-verbal, ninguna 'traducción' entre el pensar y el hablar. En ese sentido, se concibe al pensamiento como completamente determinado por el lenguaje

La antecitada teoría de Sapir-Whorf, nombrado por los lingüistas Americanos Edward Sapir y Benjamín Lee Whorf, es una teoría de molde. A continuación se esboza una cita clásica de Sapir, escrita en 1929:

> Los seres humanos no viven tan sólo en el mundo objetivo, ni tan sólo en el mundo de la actividad como se comprende por lo general, sino que están a la merced del idioma particular que se ha convertido en medio de expresión para su sociedad. Es una ilusión imaginar que uno se ajuste a la realidad esencialmente sin utilizar el lenguaje y que el lenguaje sea un medio incidental de resolver problemas específicos de comunicación o reflexión.

> La realidad es que el 'mundo real' es en gran medida construido inconscientemente sobre los hábitos lingüísticos del grupo. No existen dos idiomas los suficientemente similares como para que se considere que representen la misma realidad social. Los mundos en los cuales las diferentes sociedades viven son mundos distintos, no mundos iguales etiquetadas de diferente manera... Vemos y oímos y experimentamos de acuerdo a la predisposición de interpretación de los hábitos de lenguaje de nuestra comunidad. (Sapir 1958 [1929], p. 69)

De esta forma el lenguaje a través del idioma se constituye en vehículo de la transmisión cultural, toda vez que el lenguaje mismo es un conjunto de símbolos mediante los cuales las personas de una cultura dada se comunican y garantizan la perpetuación de su cultura. Históricamente, la mayor parte de la comprensión de las culturas y las civilizaciones pasadas se dio a través de la tradición oral.

El lenguaje también influye en la percepción del mundo y es por medio de ello que se comprende a la cultura. Babbie (1980) cita un estudio realizado entre ciudadanas norteamericanas bilingües de ascendencia japonesa en la cual fueron entrevistadas para conocer sus reacciones en diferentes situaciones. Dichas entrevistas se repitieron en dos ocasiones: en una ocasión se realizaron en japonés y en otra ocasión, en inglés, y con una distancia en el tiempo de varios meses. Sus reacciones de las entrevistadas a la misma pregunta, formulada o en japonés o en inglés, fueron muy diferentes. Al preguntarles como se sentirían si tuvieran una diferencia de opinión con sus padres, en inglés respondieron que harían lo que mejor les parecía a ellas mismas. En japonés, por lo contrario, respondieron que les invadiría "una profunda tristeza". El valor preponderante de la tradición y el respeto por los mayores de la cultura japonesa halló expresión en japonés mientras que en inglés predominaron la independencia y el individualismo, representativos de la cultura norteamericana.

Otro elemento de la cultura, las creencias, son acuerdos acerca de lo que es verdad en una cultura dada y fundamentan y justifican los valores. Derivados de ellas, los valores son acuerdos y conjuntos de acuerdos que representan y especifican las creencias compartidas acerca de lo que es bueno, lo que es malo, y por lo tanto, lo que es mejor y/o pero. Estos valores son formados y perpetuados por la cultura, consistiendo en conjuntos relativamente estables y coherentes de valores interrelacionados, sistemas de valores, que establecen ciertos patrones de conducta preferentes.

Las normas, especificaciones de los valores mismos, son las reglas que guían el comportamiento: fallar a ellas implica diferente tipo de sanción para diferente falla, desde los modos culturales, por lo cual se recibe una amonestación, hasta faltas más graves que impliquen reacciones más severas y hasta castigo legal.

Estos componentes de la cultura, según Babbie, se presentan en agrupaciones coherentes y están organizados e interrelacionados en sistemas de apoyo mutuo. El citado autor proporciona el siguiente ejemplo que demuestra como las normas son justificadas por los valores, los cuales son justificados por las creencias:

Creencia   *"Dios creó a todo ser humano con igual valor."*
Justificación   *"Tiene sentido entonces que TODO ciudadano deba poder participar en el gobierno".*

Valor   *"La democracia es la forma preferida de gobierno".*
Justificación   *"La democracia solo puede funcionar efectivamente en tanto los ciudadanos participen."*
Norma *"Se espera que los ciudadanos asistan a votar."*

El corolario a lo anterior es que (1) las normas es*pecifican* las implicaciones de los valores y (2) los valores e*specifican* las implicaciones de las creencias. Una *creencia* en sí mismo no dice nada acerca de lo que se espera, o lo que es bueno. Un *valor*, sin embargo, describe lo que se prefiere si lo que afirma la creencia como verdad es verdad. La *norma*, a su vez, describe lo que debemos hacer si estamos de acuerdo con la preferencia establecida por el valor. (Babbie, 1980, p.37)

Los ámbitos de influencia de la cultura

Otra manera de describir el concepto cultura es delimitar sus ámbitos de influencia en diferentes objetos de estudio. En este sentido, la cultura puede influir en cuatro áreas principales: la organización social; la relación del hombre con su medio ambiente; el comportamiento aprendido, que incluye las relaciones sociales e interpersonales; y los valores y las creencias.

Las relaciones interpersonales y los valores y creencias que caracterizan a una sociedad dada incluyen los que tienen que ver con el individuo y el grupo; la percepción de la naturaleza humana; los valores y las creencias en sí; los símbolos y los héroes; la percepción del tiempo; la actitud hacia la acción; y el lenguaje y la comunicación.

En el estudio para conocer el efecto de la cultura en la educación formal que se presenta en este libro, se enfocaron las últimas dos categorías, es decir, el comportamiento aprendido (específicamente en las dimensiones descritas por Hofstede de distancia de poder e individualismo/colectivismo); y los valores y creencias (tanto en la dimensión de la evasión de la incertidumbre (Hofstede, 1980) como en los valores abordados por Schwartz (2002)).

Capítulo 1: Dimensiones y categorías culturales

Una investigación meta-literaria para establecer diferencias y similitudes, coincidencias y paralelismos que se presentan por los diversos teóricos del área de conocimiento de la cultura, permitió determinar tres conjuntos de tipos de estudios de la cultura que proporcionan una aproximación al estudio de la cultura como elemento central del proceso de educación formal. En este sentido, las tres agrupaciones en torno a las cuales se han realizado estudios acerca de las diferencias culturales pueden describirse como:

- los que conciernen comportamientos observables en conjunción con valores y sistemas de valores,

- los "patrones de pensamiento" , y

- los valores básicos, comunes a todo ser humano, no obstante la cultura a la cual pertenezca.

Los elementos del conjunto que aquí se denominan de comportamientos incluyen los planteamientos de Edward Hall (1976), Geert Hofstede (1989), (1991), y Fons Trompenaars & Hamden-Turner (1997). Abordan cuatro áreas principales: la comunicación no verbal; la comunicación dependiente o independiente de su contexto; la reacción/interacción y la motivación a la acción. Estudian el continuo del comportamiento de acción-reacción que incluye el enfoque prioritario de individuo o de grupo y la comodidad o la incomodidad con lo desconocido y lo ajeno. Además, en el ámbito de la motivación a la acción, se incluyen la búsqueda de conservar el status quo o de cambiar, innovar y la búsqueda de servir a otros o ganar de los demás.

El segundo conjunto, de "patrones de pensamiento" y "patrones comunicacionales" incluye a Maletzke (1996) y a Stella Ting-Toomey (1992), Kaplan (1967) y Elliot (1999).

El tercer conjunto involucra los valores definidos por Schwartz (2002) y Strodbeck y Kluckhohn (1976). Establecen en los valores básicos dimensiones que a su vez identifican dos valores tipo encontrados, representando el opuesto en un continuo. Los valores se ubican o en el ámbito de lo social o ecológico (lo que se prefiere para la vida social) o en el ámbito de lo personal (lo que motiva a la acción en la vida cotidiana del individuo). Estos valores engloban todas las dimensiones revisadas en Hofstede, en menor o mayor grado.

Habiendo establecido los conjuntos globales se pasa a revisar con mayor detalle los planteamientos teóricos de los antes mencionados: Edward Hall, Geert Hofstede, Stella Ting-Toomey,

Fons Trompenaars & Charles Hampden-Turner, Shalom Schwartz y Strodbeck y Kluckhohn.

Capítulo 2: Comportamientos observables

Comportamiento observable: Edward Hall

Un pionero en el área del estudio de la cultura, Edward Hall planteó dos enfoques transcendentales para abordar las diferencias culturales con respecto al uso del lenguaje – sistema simbólico y particular a cada cultura dada. Estos dos enfoques son la definición de culturas de alto o bajo contexto y las diferencias en la conceptualización del tiempo.

El primero, alto o bajo contexto, se preocupa por la manera en que se transmite la información. En las culturas de alto-contexto, la información está preprogramada y se encuentra ya presente en el receptor y el contexto, por lo que el mensaje mismo contiene solo una mínima cantidad de información: no es explícito. Este tipo de cultura dispone de sistemas de codificación restringidos. Además, las relaciones son importantes, sobre todo se considera el status del emisor para dar sentido. En este contexto, las palabras son secundarias para comunicar significados.

Por el lado opuesto, en las culturas de bajo contexto la mayor parte de la información se tiene que ubicar en el mensaje para compensar lo que falta del contexto. Por ello disponen de un sistema de código verbal elaborado. Además, el código verbal es la principal fuente de información: se depende de ello para crear e interpretar significados. Se reconoce el ambiente no verbal, pero se enfoca en el contexto verbal. En este tipo de cultura, se explican explícitamente las reglas y las expectativas. Se depende de las palabras para comunicarse, y se puede sentir incómodo ante momentos de silencio, inclusive se siente la **necesidad** de hablar. Los contextos de análisis del fenómeno de bajo contexto de Hall son dentro de la comunicación F2F, cara a cara. Es sencillo el análisis del lenguaje, puesto que es un elemento cultural directamente observable. También sirve este parámetro para analizar la comunicación intercultural y la comunicación masiva.

Para el estudio que aquí se relata, la definición de culturas de alto/bajo contexto de Hall resultó muy pertinente en tanto presenta una relación estrecha con la dimensión de individualismo/colectivismo. Además, en cuanto a la necesidad o no de aclarar sentidos, en el ámbito educativo pudiera tener mucho que ver también con el indicador de la distancia de poder y la evasión de la incertidumbre.

Otra distinción cultural que realiza Hall es el concepto de la relación con el tiempo y la concepción que se tiene del tiempo. Define una cultura mono crónica en comparación con una cultura poli crónica, tratándose de cómo las culturas estructuran su tiempo. En las culturas mono crónicas, se hace una cosa a la vez (es secuencial el tiempo). La puntualidad en estas culturas es esencial. Por otro lado, en la cultura poli crónica es común realizar múltiples tareas simultáneas.

La puntualidad se estima de gran valor en las culturas monocrónicas, derivada del concepto del tiempo como un bien a guardar, aprovechar, o a invertir. "El tiempo es uno de las bases fundamentales en que descansan todas las culturas y en torno al cual, se giran todas las actividades. Comprender la diferencia entre el tiempo mono crónico y el tiempo poli crónico es esencial para el éxito…" (Hall, 1990, p.179). El tiempo mono crónico se caracteriza como lineal, tangible y divisible. En el tiempo mono crónico, los eventos se programan uno por uno y esta programación supersede las relaciones interpersonales.

El tiempo poli crónico, por el contrario, se caracteriza por "la ocurrencia simultánea de muchas cosas y por *un involucramiento profundo con las personas*" (p.14). En estas culturas, la puntualidad es subordinada a las relaciones personales. Hall define varios ámbitos de la vida afectados por la dimensión del tiempo. A continuación se comparan en una tabla.

Tabla 1: Los ámbitos de la vida y las actitudes de las culturas con referencia al concepto tiempo

Ámbito de vida afectada	Actitud de la cultura	
	Cultura mono crónica	Cultura poli crónica
Relaciones personales	Son subordinados al horario	El horario es subordinado a relaciones
Coordinación de la actividad	El horario coordina la actividad; las citas son rígidas y estrictamente cumplidas	las relaciones interpersonales coordinan la actividad; las citas son flexibles
Manejo de tareas	Se hace una tarea a la vez	Se hacen muchas tareas simultáneamente
Descansos y tiempo personal	Los descansos y el tiempo personal son inviolables, no obstante las relaciones personales	Los descansos y el tiempo personal son subordinados a las relaciones personales
Estructura temporal	El tiempo es inflexible; el tiempo es tangible	El tiempo es flexible; el tiempo es fluido
Separación del tiempo para trabajo/tiempo personal	El tiempo para el trabajo se separa de manera clara del tiempo personal	El tiempo para el trabajo no se separa de manera clara del tiempo personal
Percepción organizacional	Las actividades son aisladas de la organización como un todo	Las actividades se integran en la organización como un todo; las tareas se miden como parte de las metas organizacionales globales

Fuente: Adaptado de Hall (1976)

En cuanto a la aplicabilidad de esta dimensión al estudio presente, aunque muy interesante resulta un poco ambiguo en tanto ser susceptible de ser observado. Además, no se cuentan con datos estadísticos abundantes; y se limita a describir un comportamiento sin contemplar los valores subyacentes. Por ello, se decidió simplemente tomarlo en consideración para la programación de las actividades de aprendizaje, tanto presenciales como en el curso de aprendizaje distribuido.

Comportamientos observables: Geert Hofstede "La cultura: Software de la mente humana"

En el ámbito de los valores y el comportamiento de nivel profundo, Geert Hofstede (1980) (1991) (1994) ha sido pionero de gran influencia en los aspectos prácticos de las diferencias culturales. Ha logrado que el tema de las diferencias culturales nacionales y sus implicaciones sean accesible a personas en muchas diferentes áreas de trabajo. ¿Cómo? al introducir el concepto de dimensiones culturales, y al desarrollar una cantidad enorme de indicadores con datos cuantitativos de más de 50 países en cada una de esas dimensiones. Hofstede publicó los resultados de la investigación en la que tomó los datos de encuestas (tamaño de la muestra, 116,000) recolectado de una corporación multinacional: el resultado fue una evaluación en cada una de las dimensiones para 40 países.

En función de estos datos introdujo primeramente cuatro dimensiones relacionadas con cuatro problemas básicos comunes a todos los grupos humanos: estos son la desigualdad, la incertidumbre, la relación del individuo y el grupo y la división del rol social de hombres y mujeres. Las cuatro dimensiones que define Hofstede son:

1. **Distancia de poder** (el grado en que los miembros menos poderosos de una sociedad acepten el hecho de que se distribuye el poder de manera desigual),

2. **Individualismo** (la gente se preocupa solo por si misma y su familia inmediata) vs. **Colectivismo** (la gente pertenece a *"in-groups"* (familias, clanes u organizaciones) las cuales la cuida en cambio por su lealtad),

3. Los valores dominantes de la **Masculinidad** (logro y éxito) vs. los de la **Feminidad** (el cuidado de los demás y la calidad de vida),

4. **Evasión de la incertidumbre** (el grado en que la gente se siente amenazada por la incertidumbre y la ambigüedad y tratan de evitar estas situaciones.)

Un sesgo occidental potencial de su trabajo previo se compensó en 1989 al agregar una quinta dimensión, **la orientación a largo plazo vs. la orientación a corto plazo**, basado en una investigación realizado entre estudiantes en 23 países. Otros denominan esta dimensión el dinamismo de Confucio, puesto que algunos de los valores que indaga datan desde ese filósofo famoso.

Hofstede, a sus vez, considera la distinción conceptual de Edward Hall de comunicación de **alto contexto** y **bajo contexto** como maneras implícitas y explicitas de la comunicación y aspecto particular de la dimensión de individualismo, ya que las sociedades individualistas practican la comunicación de bajo contexto y las colectivistas, alto contexto. Desgraciadamente, la dimensión de Hall nunca ha sido operativizada en investigación empírica comparativa, para poder verificar esta relación.

Hofstede (1991), por su parte, denomina la cultura "software de la mente humana", es decir, la programación colectiva que distingue a los miembros de un grupo o categoría a los miembros de otro. La cultura es aprendida: no se hereda. No debe confundirse la cultura con la naturaleza humana ni con la personalidad individual. ¿Cómo se puede definir a un grupo o categoría? Hofstede distingue entre cultura nacional y cultura corporativa, estableciendo cinco dimensiones para estructurar las diferencias entre culturas nacionales, fundamentadas en investigaciones estadísticas. Gert Jan Hofstede (2002) afirma que "la cultura es la forma en que fuiste criado; es como la nariz: aunque no lo ves muy bien tú, todos los demás lo perciben y consideran que es raro si es diferente que el suyo. Siempre vas a donde te lleva y siempre esta estorbando". Por ello, como ya se mencionó, las cinco dimensiones definidos por Hofstede tratan cinco problemas importantes: la identidad (el individualismo/colectivismo (IDV)); la jerarquía (el indicador de distancia de poder (DP)); el género (masculinidad/feminidad (MAS)); la verdad (la evasión de la incertidumbre (EI)); y la virtud, (la orientación a largo plazo (LTO)). A continuación se revisan cada una de estas dimensiones.

El problema del género: la masculinidad/feminidad (MAS)

En primer lugar, la Masculinidad (MAS) enfoca el grado en que la sociedad refuerza o no refuerza el modelo tradicional masculino del logro, control y poder del hombre. Un indicador alto de MAS sugiere que el país experimenta un alto grado de diferenciación de genero. En estas culturas, los hombres dominan una proporción significativa de la sociedad y la estructura de poder, y las mujeres son sujetas a los hombres y a su estructura de poder. Un indicador bajo de MAS, por el contrario, indica que el país tiene un nivel bajo de diferenciación y discriminación entre géneros. En estas culturas, las mujeres son tratadas de manera igual a los hombres en todos los aspectos de la sociedad. Las culturas que resultaron lo que

Hofstede denominó "masculinos" tienden a tener expectativas muy distintas de los roles de hombres y mujeres en la sociedad, mientras que en las culturas más "femeninas" existe mayor ambigüedad acerca de lo que se espera de cada género.

Tabla 2. La dimensión masculinidad-feminidad de Hofstede

Países/Regiones	MAS*	Países/Regiones	MAS*
Japón	255	Brasil	1
Austria	167	Singapur	-4
Venezuela	134	Israel	-10
Italia	117	Indonesia	-15
Suiza	117	África de Oeste	-15
México	112	Turquía	-21
Irlanda	106	Taiwán	-21
Jamaica	106	Panamá	-26
Gran Bretaña	95	Irán	-32
Alemania	95	Francia	-32
Filipinas	84	España	-37
Colombia	84	Perú	-43
África del Sur	79	África del Este	-48
Ecuador	79	Salvador	-54
EE.UU.	73	Corea del Sur	-59
Australia	68	Uruguay	-65
Nueva Zelanda	51	Guatemala	-81
Grecia	46	Tailandia	-98
Hong Kong	46	Portugal	-114
Argentina	40	Chile	-125
India	40	Finlandia	-153
Belga	29	Yugoslavia	-153
Países Árabes	23	Dinamarca	-180
Canadá	18	Países Bajos	-191
Malasia	7	Noruega	-224
Pakistán	7	Suecia	-241

positivo alto significa que el país prefiere la masculinidad; un resultado negativo alto significa que el país prefiere la feminidad. El promedio es cero.
Los resultados se dan en estándares, omitiendo el punto decimal.
Fuente: Adaptado de Geert Hofstede, Cultures and Organizations: Software of the Mind (London: McGraw-Hill,1991) 84

Es interesante observar que la diferencia en esta dimensión entre la cultura de los EEUU (73) y México (112) no es muy marcada. Por ello se podría decir que en cuanto a este indicador hay más similitud entre la cultura mexicana y la estadounidense que entre esta y la cultura canadiense que únicamente registra un valor de 18 (muy bajo MAS) o Japón que registra un valor de 255 (muy alto MAS).

La actitud hacia la acción también se manifiesta en la tendencia a la masculinidad/feminidad, es decir el valor de la auto-afirmación o asertividad en contraste con la modestia. Se relaciona también con la importancia de evitar el conflicto y si hay una preferencia para la negociación y el llegar a un acuerdo mutuamente benéfico.

Además, en este indicador se trata el grado en que una cultura dada prefiere la adscripción o el logro, y el ser auto-afirmativo o dar apoyo social. Esta dimensión indica el grado en que la cultura valore más el comportamiento asertivo y la adquisición de bienes materiales que el cuidado de los demás y la calidad de la vida. En una cultura de alto indicador MAS también se cree en la masculinidad ostentoso y se asocian comportamientos y productos específicos al comportamiento masculino "apropiado".

En una sociedad altamente masculina se cree que los hombres deben ser asertivos y las mujeres, proveedoras de cuidado. Los roles de género son claramente diferenciados y la desigualdad sexual se considera benéfico. Lo inverso es cierto para culturas altamente femeninas: los hombres tienen mucho menos interés en el logro, los roles de género son más flexibles y la igualdad entre sexos es la norma.

Las culturas con una indicador bajo de MAS ponen menos fe en los logros externos y las muestras de masculinidad y más en la importancia de las decisiones que mejorarán los aspectos intrínsecos de la calidad de vida, tales como el servicio a los demás y la empatía para los desafortunados. Las personas de las culturas femeninas tienden a preferir la igualdad entre los sexos, y los roles de conducta menos prescriptivos entre géneros, aceptando que el de proveedor de cuidados puede ser tanto para los hombres como para las mujeres.

¿Qué provoca las diferencias en éste indicador?

Según Hofstede, el elemento que mayormente predispone el indicador de MAS es el clima. Los climas más cálidos favorecen el desarrollo de culturas masculinas mientras que los climas más fríos favorecen a las culturas femeninas. Hofstede especula que los climas más fríos requieren más tecnología para sobrevivir, lo cual, a su vez, impone una necesidad de mayor educación y calidad. Extiende éste argumento para incluir la igualdad de los sexos porque los climas fríos imponen una necesidad de que ambos hombres y mujeres dominen un conjunto de habilidades complejas, las cuales hacen la desigualdad sexual menos funcional y por tanto, menos probable.

El problema de la "verdad": Evasión de la incertidumbre (EI)

Otra dimensión, la evasión de la incertidumbre (EI), enfoca el nivel de tolerancia de la incertidumbre y la ambigüedad dentro de la sociedad, es decir, en situaciones no estructuradas. Un indicador alto de EI significa que el país tiene un bajo nivel de tolerancia de la incertidumbre y la ambigüedad. Esto crea una sociedad orientada hacia las reglamentación, la cual que instituye leyes, reglas y controles para reducir la cantidad de incertidumbre.

Por el otro lado, un indicador bajo de EI indica que en el país se preocupa menos de la incertidumbre y ambigüedad y tolera una gran variedad de opiniones. Esto se refleja en una sociedad que es menos orientada hacia las reglas, acepta el cambio más fácilmente y toma más y mayores riesgos.

Algunas características básicas de este indicador en las culturas se explican el la tabla a continuación:

Tabla 3: Características alto EI /bajo EI

ALTO EI	BAJO EI
Hay más reglas formales	Se cree que menos reglas, mejor
Se prefieren detalles, planes específicos	Se tolera la generalización
Se es menos tolerante de ideas divergentes	Se tolera la divergencia
Hay un alto nivel de estrés, una sensación sujetiva de ansiedad.	Hay un bajo nivel de estrés, una sensación sujetiva de bienestar
La agresión y las emociones pueden ser ventilados en el lugar y el momento adecuado	No deben mostrarse la agresión y las emociones
Lo que es diferente, es peligroso	Lo que es diferente, es interesante
El tiempo es dinero	El tiempo es un marco referencial para la orientación
Se busca el consenso	Se buscan opiniones personales
Se minimiza el riesgo	Se aprueba la toma de riesgos
La precisión y la puntualidad son naturales	La precisión y la puntualidad tienen que ser aprendidas
Se valora lo ritualizado / ceremonial	Se evita la ritualización y la ceremonia
Se cree en una verdad absoluta / un alto grado de conocimiento experto	Se acepta la relatividad de la creencia

Fuente: http://www2.andrews.edu/~tidwell/bsad560/Hofstede.html

Los países con un indicador alto de EI tienden a estar poco modernizados y encontrarse en situaciones altamente cambiantes (económicas, políticas y sociales). Además, por lo general tienen un sistema legislativo/judicial muy extensivo, se caracterizan por religiones "absolutistas" (catolicismo, Islam) y son más resistentes al cambio. Los países con un indicador bajo de EI tienden a ser modernos y estables (económica, política y socialmente) y sus religiones enfatizan la relatividad, por ejemplo el Budismo o el Unitarianismo. Tienden a aceptar la competencia y el conflicto, y a tolerar divergencia y desacuerdos.

Por otra parte, la dimensión de la evasión de la incertidumbre aborda la actitud común hacia la ambigüedad y las situaciones desconocidas, midiendo el nivel de tolerancia para con las minorías raciales, el nivel de racismo, la actitud hacia extranjeros y otros países. También considera la medida en que existe disposición para aceptar o incorporar elementos culturales extranjeros, la curiosidad de conocer otras culturas y los tabúes. Además involucra observar si se respetan las reglas y las leyes y si se estimulan las innovaciones.

Las culturas designadas como bajos en la evasión de la incertidumbre están más cómodas con lo desconocido mientras que las culturas con una tendencia alta de evasión de la incertidumbre prefieren reglas formales y cualquier nivel de incertidumbre puede provocar mayores niveles de ansiedad que en las de baja tendencia.

Tabla 4. *La dimensión evasión de incertidumbre de Hofstede*

La dimensión evasión de incertidumbre de Hofstede

Países/Regiones	EI *	Países/Regiones	EI *
Grecia	193	Ecuador	6
Portugal	160	Alemania	-2
Guatemala	148	Tailandia	-6
Uruguay	143	Irán	-27
Belga	119	Finlandia	-27
Salvador	119	Suiza	-31
Japón	110	África del oeste	-48
Yugoslavia	94	Países bajos	-52
Perú	89	África del Este	-56
Francia	85	Australia	-60
Chile	85	Noruega	-64
España	85	África del Sur	-68
Costa Rica	85	Nueva Zelanda	-68
Panamá	85	Indonesia	-72
Argentina	85	Canadá	-72
Turquía	81	EEUU	-81
Corea del Sur	81	Filipinas	-89
México	69	India	-106
Israel	65	Malasia	-122
Colombia	60	Gran Bretaña	-126
Venezuela	44	Irlanda	-126
Brasil	44	Hong Kong	-157
Italia	40	Suecia	-151
Pakistán	19	Dinamarca	-176
Austria	19	Jamaica	-218
Taiwán	15	Singapore	-239
Países Árabes	11		

Un resultado positivo alto significa que el país prefiere evitar la incertidumbre; un resultado negativo alto significa que el país tolera la incertidumbre. El promedio es cero. Los resultados se dan en estándares, omitiendo el punto decimal.

Fuente: Adaptado de Geert Hofstede, Cultures and Organizations: Software of the Mind (London: McGraw-Hill, 1991) 113

Entre los resultados de México (69) y los de EEUU (-81), se establece una muy significativa diferencia (150 grados) aunque no resulta muy alto el indicador EI en México ni demasiado bajo en

EEUU como, por ejemplo en Singapur (-239), Jamaica (-218) o Dinamarca (-176).

¿Qué provoca las diferencias en este indicador?

A diferencia de la dimensión de DP, Hofstede no ofrece explicaciones directas para las diferencias en el nivel preferido de EI de una cultura. Sin embargo, Lustig & Koester afirman que por lo general, los de un indicador alto de EI tienden a ser los que están iniciando un proceso de modernización y tienden a tener sistemas extensivos de leyes y reglamentos con los cuales resuelven los desacuerdos. Por otro lado, las culturas con un bajo indicador de EI tienden a estar avanzados en el proceso de modernización y más estables y predecibles en su tasa de cambio. Tienen menos reglas y leyes para gobernar la conducta social, y prefieren resolver las disputas a través de la negociación o el conflicto. (Lustig & Koester, 1996)

¿Qué implica para la sociedad?

Las culturas tienen que mediar la necesidad de crear un mundo más cierto y predecible: esto se hace mediante la invención de reglas y rituales para limitar el comportamiento humano. Puesto que los miembros de una cultura de alto nivel de EI tienden a preocuparse por el futuro, tienen altos niveles de ansiedad y resistencia al cambio. Consideran a las incertidumbres de la vida como amenazas que tienen que sobrellevarse continuamente. Consecuentemente, desarrollan muchas reglas para controlar el comportamiento social y sus rituales y prácticas religiosas tienen una secuencia muy precisa.

Por otra parte, amerita mencionar que las diferencias en los niveles de evasión de la incertidumbre pueden provocar problemas inesperados en la comunicación intercultural. Por ejemplo, los norteamericanos tienden a tener un nivel relativamente bajo de EI (-81). Cuando se comunican con alguien de una cultura EI alto, por ejemplo Francia (85) o Japón (110), son percibidos como demasiado inconvencionales y pueden percibir a sus contrapartes franceses o japoneses como demasiado rígidos y controlados. Por lo contrario, cuando se comunican con alguien con un indicador EI muy bajo como Irlanda (-126) o Suecia (-151), son percibidos como demasiado estructurados y sin disposición a ceder, y pueden percibir a sus contrapartes irlandeses o suecos como demasiado dispuestos a aceptar desacuerdos.

El problema de la jerarquía: la distancia de poder (DP)

Otra dimensión de Hofstede, la distancia de poder (DP), trata de observar como se percibe la desigualdad y la actitud que se asume ante ella. Hay desigualdad en toda sociedad, en toda comunidad, en cada grupo de personas. Algunas personas son más inteligentes, más fuertes, más ricos que otros o tienen privilegios por su raza o genero. El indicador DP mide como es percibida esta desigualdad, y como es tratada. Puede definirse como el grado en que los miembros menos pudientes de las instituciones, grupos, etc. esperan y aceptan que el poder se distribuya de manera desigual.

El indicador (DP) enfoca la percepción de y la reacción al grado de igualdad, o desigualdad, entre los miembros de la sociedad. Un indicador alto de distancia de poder implica que se ha permitido que las desigualdades crezcan dentro de la sociedad. Estas sociedades tienden a seguir un sistema de castos que no facilita la movilidad social de sus ciudadanos. Por lo contrario, un indicador bajo de distancia de poder implica que la sociedad no enfatiza las diferencias entre el poder y el nivel económico de los ciudadanos. En estas sociedades se enfatiza la igualdad y la oportunidad para todos.

Resulta importante señalar que el término "distancia de poder" pudiera resultar confuso en tanto sugiere que se mide el grado de desigualdad en una sociedad dada, lo cual no es cierto. En lugar de medir la "distancia" entre las personas, indica la percepción del individuo de dicha distancia es decir, indica su aceptación o rechazo de desigualdades, jerarquía, símbolos de estatus, etc. Si, por ejemplo, en una nación el jefe realmente se percibe como ser superior, al cual se le trata con respeto, nunca se le contradice y a quien se le adscribe un alto rango de símbolos de poder, el indicador de distancia de poder será bajo, por ser una relación generalmente aceptada.

La distancia de poder se define como "el grado en que la desigualdad de la distribución del poder es aceptada por los miembros menos poderosos de las instituciones y las organizaciones" (Hofstede & Bond, 1984. p.419) Es decir, las personas que pertenecen a una cultura de tendencia alta de distancia de poder aceptan más fácilmente una diferencial mayor de estatus que los miembros de una cultura de tendencia baja. Está relacionado con los estilos de gerencia y toma de decisiones (¿Es posible estar en desacuerdo con un superior en el trabajo? ¿Los trabajadores se sienten en libertad de expresar sus opiniones en las reuniones?). Además tiene que ver con los símbolos de estatus social, las relaciones entre padres e hijos, maestros y alumnos; con los buenos modales y la forma de dirigir la comunicación.

Tabla 5: La dimensión distancia de poder de Hofstede

La dimensión distancia de poder de Hofstede

Países / Regiones	DP*	Países / Regiones	DP*
Malasia	218	Corea del Sur	15
Guatemala	177	Irán	5
Panamá	177	Taiwán	5
Filipinas	172	España	1
México	112	Pakistán	-8
Venezuela	112	Japón	-13
Países Árabes	107	Italia	-32
Ecuador	98	Argentina	-36
Indonesia	98	África del Sur	-36
India	93	Jamaica	-55
África del Oeste	93	EEUU.	-78
Yugoslavia	89	Canadá	-83
Singapore	79	Países Bajos	-87
Brasil	56	Australia	-96
Francia	52	Costa Rica	-101
Hong Kong	52	Alemania	-101
Colombia	47	Gran Bretaña	-101
Salvador	42	Suiza	-106
Turquía	42	Finlandia	-110
Belga	38	Noruega	-120
África del Este	33	Suecia	-120
Perú	33	Irlanda	-133
Tailandia	33	Nueva Zelanda	-161
Chile	29	Dinamarca	-180
Portugal	29	Israel	-203
Uruguay	19	Austria	-212
Grecia	15		

Un resultado positivo alto significa que el país prefiere la una distancia de poder grande; un resultado negativo alto significa que el país prefiere la una distancia de poder pequeño. El promedio es cero. Los resultados se dan en estándares, omitiendo el punto decimal.

Fuente: Adaptado de Geert Hofstede, Cultures and Organizations: Software of the Mind (London: McGraw-Hill, 1991) 26

Otra vez, es interesante observar la extrema diferencia en esta dimensión entre la cultura de los EEUU (-78) y México (112), una diferencia de casi 200 grados.

El indicador de distancia de poder (DP) influye en la sociedad de muchas maneras, como por ejemplo, las costumbres de la familia, las relaciones entre estudiantes y maestros y las prácticas organizacionales. Inclusive el sistema de lenguaje en culturas de alta DP enfatiza las distinciones basadas en una jerarquía social. En varios idiomas, chino y coreano por ejemplo, existen términos específicos para referirse al hermano mayor, al primogénito, hermana menor, hermana más chiquita, etc.

En cuanto a la familia, se espera que los niños criados en culturas de alto DP obedezcan a sus padres sin cuestionarles o enfrentarles, mientras que los niños de culturas de bajo DP valoran menos la obediencia y son enseñados a buscar razones o justificaciones para las acciones de sus padres.

Los norteamericanos tienden a tener un indicador DP relativamente bajo, aunque no excepcionalmente bajo. Sin embargo, cuando se comunican con personas de culturas de relativamente alto DP, son comunes los problemas que tengan que ver con la diferencia en expectativas. Por ejemplo, un estudiante norteamericano de intercambio en una cultura de Sudamérica o África a veces enfrenta dificultades tratando de adaptarse a un mundo en el cual las personas hacen lo que se les pide sin cuestionar las razones de hacerlo. De modo contrario, los estudiantes de intercambio que visitan los Estados Unidos de Norteamérica muchas veces se sienten incómodos porque esperan que sus maestros dirijan y supervisen de manera directa su trabajo, pero pueden haber aprendido que es mala educación pedir el tipo de información que requieren para lograr el fin.

Es importante notar que éste indicador afecta de manera importante las normas sociales de la cultura en cuestión. A continuación se realiza una comparación en tabla entre las normas sociales y su aplicación en tanto una cultura con un indicador alto de DP y otra de indicador bajo.

Tabla 6: Tabla comparativa DP *y normas sociales*

DP BAJO	DP ALTO
La desigualdad debe minimizarse	La desigualdad es un hecho – todos tienen el lugar que les corresponde.
Toda la gente debe ser interdependiente	Algunos son independientes, otros son dependientes.
La jerarquía es una desigualdad de roles - ¡solo para la conveniencia!	La jerarquía es algo que existe y se acepta.
Los superiores/subordinados son personas igual a mí.	Los superiores/subordinados son personas diferentes a mí.

Todo uso de poder debe ser legitimado y es sujeto a juicio moral (determinar lo que es uso bueno o malo del poder).	El poder es un hecho básico de la sociedad, independiente de la moral. Está para utilizarse – la legitimidad es irrelevante.
Todos tienen los mismos derechos.	El poder otorga privilegios.
La gente poderosa debe tratar de no aparentar tener poder.	La gente poderosa trata de verse lo más poderoso posible (pompa y ceremonia).
Se acepta la premiación, y el poder legitimo y de experto.	Se acepta el poder referente y de la coerción.
Si algo sale mal – es culpa del sistema.	Si algo sale mal – es culpa del que está en poder.
Para cambiar el sistema social, redistribuye el poder. (evolución)	Para cambiar el sistema social, quita a los que están en poder. (revolución)
Las personas pueden tenerse confianza.	Todos quieren tu poder - ¡no les tengas confianza!
Existe una "armonía" latente en la sociedad.	Hay conflicto latente entre los que están en poder y los que no.
La colaboración en las clases menos favorecidas se basa en la solidaridad.	Es difícil lograr la colaboración por la falta de confianza.

Fuente: Adaptado de Geert Hofstede, Cultures and Organizations: Software of the Mind (London: McGraw-Hill, 1991) 89

Además de lo anterior, es importante notar que el DP no puede ser medido en los individuos. Es un resultado estadístico de las respuestas de miles de personas, no una característica personal. Puede haber personas cuyos ideales expresan o alto o bajo indicador de DP en todas las sociedades.

¿Cómo se da la distancia de poder?

Se puede estimar la distancia de poder de una sociedad moderna a partir de varios elementos. Los factores ambientales juegan un papel importante. A continuación se enlistan los demás factores, partiendo de los más independientes.

Tabla 7: Fuentes de diferencias del DP

DP BAJO	DP ALTO
Climas moderados a fríos	Climas tropicales y subtropical
La sobre vivencia de la población depende más de la intervención del hombre con la naturaleza	La sobre vivencia de la población depende menos de la intervención del hombre con la naturaleza (la comida se consigue más fácilmente)
Mayor necesidad de la tecnología (fuego, etc.)	Menor dependencia de la tecnología
Histórico: la primera legislación se aplicaba a líderes; herencia para un hijo	Histórico: la primera legislación se aplicaba a líderes; herencia dividido
Mayor necesidad para la educación de las "clases bajas" (alfabetización, etc.)	Menor necesidad para la educación de las "clases bajas"
Mayor movilidad social, desarrollo fuerte de la clase media.	Menor movilidad social, sociedad polarizada (ricos – pobres)
Mayor riqueza nacional	Menor riqueza nacional
La riqueza se distribuye ampliamente.	La riqueza se concentra en manos de una élite pequeña.
La política se basa en un sistema de representación.	El poder político se concentra en una pequeña "élite" (militar, oligarquía, etc.)
Tendencia independiente – población pequeña	Población grande – poca resistencia a la "integración" en masa.

Histórico: independencia, federalismo, negociación	Histórico: Ocupación, colonización, imperialismo.
Menos centralización del poder político.	Centralización del poder político.
Sociedad – rápida aceptación de la tecnología	Sociedades más estáticas
Los niños aprenden cosas que los padres jamás aprendieron.	Los niños dependen de los padres y los mayores.
Mayor cuestionamiento de la autoridad en general.	Menor cuestionamiento de la autoridad en general.

Fuente: Adaptado de Geert Hofstede, Cultures and Organizations: Software of the Mind (London: McGraw-Hill, 1991)

Finalmente, se plantea la pregunta: *¿Cómo afecta el DP la sociedad en cuestión?* Los impactos en efectos políticos, filosóficos y en las organizaciones son múltiples. Por ejemplo, como efectos políticos en las sociedades con un indicador bajo de distancia de poder, se tiende a tener gobiernos pluralistas elegidos por mayoría y los partidos políticos tienden a ser "centrales". Hay evolución y estabilidad, es decir, no se dan cambios extremos repentinos en los gobiernos; el gobierno es frecuentemente dirigido por aquellos que enfatizan la igualdad y los impuestos redistribuyen los bienes.

Por lo contrario, en una sociedad con un indicador alto de distancia de poder, por lo general los gobiernos son autocráticos y/o absolutistas y hay polarización izquierda/derecho de los partidos. Se dan cambios repentinos en los gobiernos (revolución e inestabilidad en lugar de evolución y estabilidad). Si hay democracia, tiende a ser dirigido por partidos que no enfatizan la igualdad (ultra derecha) y los impuestos protegen a los pudientes.

En cuanto a la filosofía y el pensamiento ideológico también existen diferencias importantes. En las sociedades con un bajo indicador de distancia de poder predominan las teorías sociales pluralistas y las ideologías de igualar la distribución del poder así como el énfasis en la igualdad. Además, no se concibe un enfoque de astucia y silencio hacia el poder como el camino a la estabilidad. En las sociedades con un bajo indicador de distancia de poder, en cambio, predominan las teorías sociales elitistas y las ideologías de polarizar la distribución del poder así como el énfasis en la estratificación. Además, no se concibe un enfoque de fuerza y ruido hacia el poder como el camino a la estabilidad.

Finalmente, también se ven los efectos de este indicador en las organizaciones de la sociedad. En las sociedades con un alto indicador de distancia de poder las organizaciones tienden a ser más centralizadas, existen diferencias salariales mayores y hay una mayor proporción de personal de "supervisión". Se califican menos a las clases inferiores y los trabajos de "cuello blanco" (oficinistas) se valoran más que los trabajos de "cuello azul" (fábrica). Las sociedades con un bajo indicador de distancia de poder las organizaciones tienden a ser menos centralizadas, existen diferencias salariales menores y hay menos personal de "supervisión". Se califican mas a las clases inferiores y el trabajo manual tiene el mismo status que el trabajo de oficina.

El problema de la identidad: Individualismo/colectivismo (IDV)

Hofstede retoma también la dimensión propuesta por Hall, que ha sido verificado en gran número de estudios, de individualismo/colectivismo. El individualismo (IDV) enfoca el grado en que la sociedad refuerza el logro individual o colectivo y las relaciones interpersonales. Un indicador alto de IDV sugiere que los individuos y los derechos individuales son sobre todo importantes en la sociedad. Los individuos en estas sociedades tienden a formar un número mayor de relaciones no muy estrechas. Por otro lado, un indicador bajo de IDV tipifica una sociedad mas colectivista, con lazos estrechos entre los individuos. Se refuerza la familia extendida en estas culturas y todos asumen la responsabilidad para los miembros de su grupo.

Los países más individualistas enfatizan lo que Stella Ting-Toomey llama una identidad de "yo", valorando la identidad personal, la competitividad y la toma de decisión individual. Creen que las personas deben ocuparse de sí mismo y tal vez de sus familias inmediatas. Un juicio con referencia a lo que está bien o lo que está mal solo puede hacerse desde el punto de vista de cada individuo. Las culturas colectivistas, por el contrario, enfatizan una identidad "nosotros", valorando los intereses compartidos, la armonía, y los juicios colectivos. Estas culturas requieren una lealtad absoluta para con el grupo, pudiendo ser éste la familia nuclear, la familia extendida o inclusive la organización donde trabaja el individuo.

Existe una fuerte relación entre la ubicación de la cultura en la dimensión DP y su ubicación en la dimensión IDV. Las culturas de alto DP tienden a ser colectivistas mientras que las de bajo DP tienden a ser individualistas. Consecuentemente, existen similitudes a la dimensión de DP para predecir el nivel de individualismo-colectivismo de una cultura. Hay evidencia que sugiere que mientras más avanza económicamente una cultura, más individualista se vuelve. (Lustig y Koester, 1996) Asimismo, los climas más fríos tienden a alentar y apoyar la iniciativa individual y la resolución innovadora de problemas, mientras que los climas más cálidos tienden a hacer mucho menos necesario el logro individual.

Hay diferencias culturales enormes que pueden ser explicados en la dimensión individualismo-colectivismo. Las culturas colectivistas imponen una distancia psicológica grande entre aquellos que son miembros de su grupo (el grupo "in") y los que no son miembros (el grupo "out"). A los miembros se les requiere lealtad incuestionable, mientras que los no miembros se consideran sin importancia. A la inversa, los miembros de culturas individualistas no perciben una distancia grande entre miembros y no miembros del grupo: los miembros no son tan cercanos pero los no miembros no son tan distantes.

Tabla 8: La dimensión Individualismo-Colectivismo de Hofstede

Países/Regiones	IDV*	Países/Regiones	IDV
USA.	190	Turquía	-24
Australia	186	Uruguay	-28
Gran Bretaña	182	Grecia	-32
Canadá	147	Filipinas	-44
Países Bajos	147	México	-52
Nueva Zelanda	143	África del Este	-64
Italia	131	Yugoslavia	-64
Belga	127	Portugal	-64
Dinamarca	123	Malasia	-68
Suecia	111	Hong Kong	-72
Francia	111	Chile	-80
Irlanda	107	África del Oeste	-92
Noruega	103	Singapur	-92
Suiza	99	Tailandia	-92
Alemania	95	Salvador	-96
África del Sur	87	Corea del Sur	-100
Finlandia	79	Taiwán	-103

Austria	47	Perú	-107
Israel	43	Costa Rica	-111
España	32	Pakistán	-115
India	20	Indonesia	-115
Japón	12	Colombia	-119
Argentina	12	Venezuela	-123
Irán	-8	Panamá	-127
Jamaica	-16	Ecuador	-139
Brasil	-20	Guatemala	-147
Países Árabes	-20		

Un resultado positivo alto significa que el país prefiere el individualismo; un resultado negativo alto significa que el país prefiere el colectivismo. El promedio es cero. Los resultados se dan en estándares, omitiendo el punto decimal.

Fuente: Adaptado de Geert Hofstede, Cultures and Organizations: Software of the Mind (London: McGraw-Hill, 1991) 53

Resulta muy interesante observar en esta tabla que el país con el nivel más alto de individualismo es EEUU (190) mientras que el resultado para México es de clara tendencia al colectivismo (-52), una diferencia superior a 200 (242) grados.

El problema de la virtud: la orientación a largo plazo (OLP)

Otra dimensión definida por Hofstede se refiere a la orientación a largo o a corto plazo. La Orientación a Largo Plazo (OLP) enfoca el grado en que la sociedad acepta o no acepta la devoción a los valores tradicionales y los compromisos permanentes. Un nivel alto de OLP indica que en el país se valoran los compromisos a largo plazo y el respeto para la tradición. Se considera que esta actitud apoya una ética de trabajo en donde se espera recompense a largo plazo como resultado del trabajo arduo del día de hoy. Sin embargo, se requiere mucho más tiempo para desarrollar un negocio en esta sociedad, sobre todo para alguien "de afuera". Un OLP bajo indica que el país no refuerza el concepto de la orientación tradicional a largo plazo. En este tipo de cultura, se da el cambio más rápidamente porque las tradiciones de arraigo y los compromisos no llegan a ser impedimentos al cambio.

Comportamientos observables: Fons Trompenaars y Hampden-Turner

Otros teóricos, Fons Trompenaars y Hampden-Turner (1997) clasificaron las culturas en una mezcla de patrones de valores y de comportamientos. Su investigación enfoca las dimensiones culturales de ejecutivos en el ámbito de los negocios. En su libro "Riding The Waves of Culture" (1997), Trompenaars y Hampden-Turner establecen que todo ser humano enfrenta una serie de problemas y que una cultura se distingue de otro por las soluciones específicas que selecciona para cada conjunto de situaciones problemáticas. Asimismo, clasifican en cinco categorías los problemas que enfrentan los seres humanos.

Estas categorías, a su vez, permiten identificar nueve dimensiones de los valores culturales, cinco de ellos incluidos en la primera categoría. Cada una de las dimensiones de valores que se ubican en esta primera categoría, la categoría de la orientación relacional [¿Qué es la relación del individuo para con los demás?] vierte sobre un aspecto de la conducta que se considera más apropiada conforme al valor predominante. Estas cinco dimensiones que se incluyen en la primera categoría de orientación relacional son: universal vs. particular; individual vs. comunitario; neutral vs. emocional; específico vs. difuso; y logro vs. adscripción.

Las otras cuatro categorías son la orientación temporal [¿Cuál es el enfoque temporal de la vida humana?], la orientación de actividad [¿Cuál es la modalidad de la actividad humana?], la orientación hombre naturaleza [¿Cuál es la relación del ser humano con la naturaleza?]; y la orientación de la naturaleza misma del ser humano [¿Cuál es el carácter innato del ser humano?].

Algunas de estas orientaciones de valores pueden considerarse como casi idénticas a las dimensiones de Hofstede. Otros ofrecen una perspectiva un poco diferente.

Dentro de la categoría de las relaciones entre humanos se encuentra la dimensión de universal/particular (donde existe una moralidad inamovible/variable; donde las leyes o las relaciones rigen). La preferencia hacia lo universal se denota en tanto establece que lo que es correcto siempre es correcto y se aplica en toda circunstancia mientras que la preferencia hacia lo particular enfatiza lo particular y la unicidad de las circunstancias y las obligaciones de las relaciones.

La dimensión del individualismo/ comunitarismo contrasta el éxito individual con el éxito grupal; las metas personales con las metas del grupo; ser independiente o interdependiente; tener responsabilidad individual o compartida; y operar desde la competencia o la colaboración. Esta dimensión enfoca específicamente el auto-imagen, el auto concepto y la percepción de quien se es, si un individuo primordialmente o miembro de un grupo en particular.

La dimensión de lo neutral/emocional, trata del grado de aceptación que se tiene de la demostración emotiva. El énfasis preferente en lo neutral favorece ser objetivo y distante en lugar de demostrar las emociones que se experimentan. Cuando hay una preferencia para lo emocional, la emoción indica pasión y compromiso.

La dimensión de lo especifico/difuso trata de una definición interior de espacio de vida privado y vida pública, así como el grado de involucramiento en su ámbito social, y el concepto de espacio exclusivo o espacio compartido. Se distingue entre la percepción de un contacto personal y real y una relación especificada por un contrato.

Finalmente, la quinta dimensión de logro/adscripción tiene implicaciones de valores como ganadores/perdedores, mérito/influencia y estatus "ganado"/estatus "heredado". Distingue entre el estatus atribuido por nacimiento: género, edad y familiares, del estatus por contactos y record académico. El logro pregunta "¿Qué estudiaste?" mientras que la adscripción pregunta "¿Dónde estudiaste?"

La relación del ser humano con el tiempo establece el tiempo como tiempo lineal o tiempo cíclico e involucra los conceptos de secuencia/simultánea, y puntualidad valorado/puntualidad relativa. La relación del ser humano con la naturaleza trata de los opuestos de resistencia/sumisión y dominar/responder.

Al comparar Hampden-Turner & Trompenaars con Hofstede, se nota que dos de las dimensiones de Trompenaars reflejan de manera estrecha las dimensiones de Hofstede de colectivismo/individualismo y, en menor grado, la distancia de poder. La orientación de valor de individualismo/comunitarismo de Trompenaars y Hampden-Turner parece ser virtualmente idéntica a la dimensión de Hofstede de colectivismo/individualismo.

La orientación de logro/adscripción, que describe la manera en que se otorga el estatus parece tener relación con el indicador de distancia de poder de Hofstede, cuando menos si se acepta que el estatus se otorga por la naturaleza en lugar que por el logro, y eso refleja una mayor disposición de aceptar distancias de poder. No es, sin embargo, una equivalencia completa puesto que el indicador de distancia de poder de Hofstede no solo concierne la forma en que se otorga status sino también la distancia de poder aceptable dentro de una sociedad, un área en el cual Trompenaars y Hampden-Turner no indagan.

Las otras dimensiones de Trompenaars y Hampden-Turner parecen enfocar más bien los efectos resultantes en las dimensiones de los valores subyacentes. Por ejemplo, la dimensión neutral/emotivo describe el grado en el cual se expresan de manera abierta los sentimientos, e.g. un aspecto del comportamiento en lugar de un valor en sí mismo. La orientación de universalismo/particularismo, que describe la preferencia para las reglas en lugar de relaciones de confianza, podría interpretarse como parte de la dimensión de la evasión de la incertidumbre por un lado en tanto valora la relación que suscita la confianza, y, en algún grado, la dimensión colectivista/individualista, al considerar el "in-group" como merecedor de defensa en contra de todo.

Por otra parte, la orientación difusa/específica, la cual describe el grado de involucramiento, no parece tener ninguna relación con ninguna de las dimensiones de Hofstede.

La relación del ser humano con el tiempo se relaciona de manera estrecha, si no idéntica, con las percepciones de tiempo mono crónico y poli crónico de Hall y la relación del ser humano con la naturaleza se relaciona estrechamente con la relación Humano-Naturaleza de las orientaciones de valores de Strodbeck y Kluckhohn (1969).

Hofstede, así como Trompenaars y Hampden-Turner, derive sus datos de cuestionarios que fueron distribuidos entre profesionistas – en el caso de Hofstede entre empleados de IBM, y en el caso de Trompenaars & Hampden-Turner entre un gran número de ejecutivos de diferentes organizaciones. El trabajo de Hofstede se basa en un cuestionario que se diseñó originalmente para evaluar valores del trabajo y se enfoca hacia esa finalidad. Los cuestionarios de Trompenaars & Hampden-Turner, por otro lado, indagaron sobre el comportamiento preferido en situaciones de tanto el trabajo como del tiempo libre. Lo que ambos tienen en común es que enfocan el estado meta, y que los valores subyacentes se derivan de preguntas acerca de los niveles exteriores. Este enfoque les da un sentir muy práctico a ambos enfoques.

Capítulo 3: Patrones de pensamiento

Patrones de pensamiento: Maletzke

El conjunto de "patrones de pensamiento" de Maletzke (1996) consideran varios tipos de clasificaciones incluy endo lógico/prelógico, inductivo/deductivo, abstracto/concreto y alfabético/analfabético. Los patrones inductivo/deductivos han sido aplicados ampliamente y se ha estudiado su impacto en tanto los estilos de comunicación como en las formas de argumentación. Por ejemplo, el estilo de comunicarse y de estudiar inductivo del anglosajón le lleva a derivar los conceptos teóricos de los casos individuales cuando el estilo comunicativo y estudioso deductivo de los rusos y los latinoamericanos, por ejemplo, les lleva, por el contrario, a que interpretan diversos casos individuales dentro de los conceptos teóricos generales. En cuanto a la argumentación, la tradición lógica de Aristóteles, predominante en occidente entra en choque con un enfoque holista de otras culturas.

El patrón de pensamiento y estilo retórico de los angloamericanos, por ejemplo, es directo: se prefiere establecer de manera directa el punto, el propósito o la conclusión de la comunicación. Se describe este estilo de lenguaje gráficamente como una flecha (Kaplan, 1967). Los elementos culturales que tienen que ver con los "patrones del pensamiento" muestran relación estrecha con los diversos estilos de aprendizaje.

Por lo contrario, el patrón de pensamiento y estilo retórico de los asiáticos es sutil e indirecto: no se considera apropiado ser directo y Kaplan describe su estilo como la forma de un espiral. El patrón preferido de los hispanos tampoco es directo, conformándose en una flecha que da varias vueltas antes de alcanzar su destino. En este estilo, el viaje es parte de la experiencia que se valora. Este estilo puede ser percibido por los angloamericanos como desorganizado o débil intelectualmente dado que viola sus normas lineales directas de causa – efecto.

Si bien es cierto que el trabajo de Kaplan ha sido criticado por basarse en una comparación que parte de la perspectiva occidental (Mao, 2003), su trabajo fue pionero en el campo de la retórica contrastiva, definiendo un total de cinco tipos de construcción correspondientes a cinco grupos culturales: anglo-europeo; árabe; oriental, romance y ruso.

Describe el estilo anglo-europeo como lineal, el estilo árabe como una serie compleja de construcciones paralelas; y el oriental como indirecto en una serie de giros cada vez más amplios. Observa que tanto en el estilo romance como en el ruso se permite digresiones que resultarían intolerables para un angloparlante.

Patrones de pensamiento: Stella Ting-Toomey

El trabajo de Stella Ting-Toomey se ubica en los ámbitos de patrones de pensamiento, además del ámbito de los valores. Expone el fenómeno de la negociación de *"face"* (Griffin, 1997) El concepto de *"face"* se refiere al auto-imagen público y se negocia a través de mensajes verbales y no-verbales. En cuanto a ámbitos de análisis, se relaciona con el alto/bajo contexto y colectivista; es decir, el bajo contexto – individualista: en tanto que en esa dimensión se identifica que el sentido se encuentra en las palabras; y el alto contexto – colectivista: en tanto que en esa dimensión se identifica que el sentido se encuentra en la naturaleza de la situación y la relación involucrada.

Ting-Toomey (1999) observa con detenimiento el impacto del auto-imagen público en culturas de alto contexto, colectivistas y en culturas de bajo contexto, individualistas. Define el valor de la palabra pronunciada, la auto afirmación y la honestidad en las culturas de bajo contexto y el valor contrastante de la expresión indirecta que busca el significado en la situación y el contexto de las culturas de alto contexto.

Explica que hay dos formas de negociación: en el individualista se trata de restaurar el auto imagen público ["face"]– una vez perdida mientras que en el colectivista se busca otorgar el auto imagen público ["face"] Depende del tipo de cultura si se da el tipo de mantenimiento o de conservación del auto imagen público ["face"]. También se ven involucrados los tipos de manejo de conflicto. Por ejemplo, en la cultura de alto contexto, se favorece evitar, obligar y negociar, mientras que en la cultura de bajo contexto se favorece dominar e integrar. En este último aspecto, el manejo del conflicto, tiene mucho que ver con las interrelaciones que se dan en el salón de clase.

No obstante, resulta más complicada su aplicación que las distinciones entre las culturas individualistas/colectivistas y el indicador de distancia de poder. Además, dentro de una misma cultura los individuos pueden diferir en cuanto al énfasis relativo que otorgan al auto-imagen público y al imagen para el otro. Por lo tanto, no se consideró en la medición de las dimensiones del presente estudio.

Capítulo 4: Valores culturales universales y básicos: Shalom Schwartz

Shalom Schwartz (1992, 1994) ha tomado un enfoque diferente para determinar diferencias en los valores culturales. Utilizando su inventario "SVI" (Schwartz Value Inventory), Schwartz no preguntó acerca de resultados preferidos sino que pidió a los participantes en su estudio a evaluar que tan importantes les eran 57 valores como "principios de guía de la vida".

Se separa el trabajo de Schwartz en dos niveles: un nivel de análisis individual y otro de análisis cultural. Esto representa una gran diferencia con los trabajos de Hofstede y Trompenaars & Hampden-Turner quienes a veces no distinguen entre esos dos niveles, aunque sostienen funcionar al nivel cultural por lo general.

Schwartz, así como Hofstede, distingue entre las categorías de tipos de valores y dimensiones de valores pero aunque existen similitudes en tanto sus definiciones de valores y dimensiones, la distinción es mucho más pronunciada en el trabajo de Schwartz. Por ejemplo, un valor-tipo es generalmente un conjunto de valores que pueden ser combinados conceptualmente en una sola descripción con sentido, como por ejemplo el compromiso igualitario al nivel cultural. Los valores que se localizan en ese valor-tipo tienen otros valores contrarios que se ubican en el valor-tipo opuesto o contrario. En el caso del compromiso igualitario, sería jerarquía al nivel cultural. En conjunto, estos dos valores-tipo forman la dimensión de valor de "compromiso igualitario versus jerarquía".

En este aspecto, se parece en cierto sentido al individualismo/colectivismo en el trabajo de Hofstede que se combinan para formar la dimensión de valor de individualismo versus colectivismo. Sin embargo, es mucho más clara la diferencia entre valor-tipo y valor-dimensión en el trabajo de Schwartz.

Formuló una estructura universal de valores reconocido por todas las culturas. Los valores que identifica representan – en forma de metas – tres requerimientos de la existencia humana: las necesidades biológicas de todo ser humano; la necesidad de coordinación social; las necesidades de sobre vivencia y el bienestar de los grupos. "El contenido esencial que distingue entre los valores es el tipo de metas motivacionales que expresan." (Schwartz, 1994, p. 88)

Resultó muy significativa para este estudio que Schwartz intentó identificar un conjunto universal de valores que no tan solo operara en el nivel cultural o ecológico, sino también en el nivel individual así como su argumentación que ambos niveles no son idénticos. En el nivel ecológico, los valores "presuntamente reflejan las diferentes soluciones que evolucionan las sociedades para los problemas de...las actividades humanas." (Schwartz, 1994, p. 92) En contraste, los valores del nivel individual reflejan "las dinámicas psicológicas del conflicto y la compatibilidad que experimentan los individuos...al perseguir sus valores diferentes en la vida cotidiana." Sin embargo, en teoría, deben ser similares.

Schwartz determinó que el valor correspondía al valor-tipo si la meta central del tipo fuera promocionado al actuar las personas de forma que expresara dicho valor. (Schwartz, 1994, p.88) Por ejemplo, la influencia social y la riqueza se asocian con el valor – tipo poder. Honrar a los mayores y respetar la tradición se asocian con el valor – tipo tradición.

A nivel cultural/social, los valores "tipo" son siete: la conservación, la autonomía afectiva, la autonomía intelectual, la armonía, el control, la jerarquía y la igualdad; y las dimensiones tres: la oposición entre las dicotomías de conservación versus autonomía; la oposición entre las dicotomías de jerarquía/control versus armonía; y la oposición entre las dicotomías de jerarquía versus igualdad.

Los diez tipos de valores individuales que son diferentes por la motivación que los promueve incluyen el poder, la seguridad, el conformismo, la tradición, la benevolencia, el universalismo, la auto – dirección, el estímulo, el hedonismo, y el logro. Los valores que se ubican en el valor-tipo poder indican un individuo que aprecia el estatus social y el prestigio o el control o dominio sobre las personas o los recursos. Indicadores altos en el valor-tipo logro indicarían una alta prioridad al éxito personal y la admiración. El valor-tipo hedonismo representa una preferencia para el placer y la auto-gratificación. El valor-tipo estímulo representa un conjunto de valores que expresan la preferencia de una vida emocionante y valor-tipo auto-dirección un grupo distinto de valores que acentúan la independencia, la creatividad y la libertad. El valor-tipo universalismo por lo contrario representa una preferencia para la justicia social y la tolerancia, mientras que el valor-tipo benevolencia contiene valores que promueven el bienestar de los demás. El valor-tipo conformismo contiene valores que representan obediencia y el valor-tipo tradición se conforma de valores que representan un respeto para la tradición y las costumbres. Finalmente, el valor-tipo seguridad es una orientación de valores que contiene valores relacionados con la seguridad, la armonía y el bienestar de la sociedad y uno mismo.

Figura 1: Los valores y las dimensiones de Schwartz a nivel personal

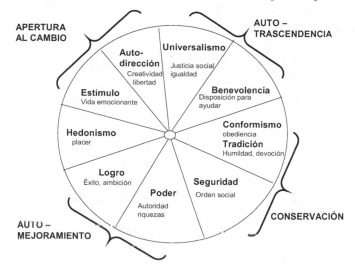

Fuente: Schwartz, 1994

A continuación se esboza un diagrama para explicar las dimensiones

ecológicas y personales y los valores de cada una:

Figura 2: La relación entre las dimensiones sociales-culturales y personales de Schwartz

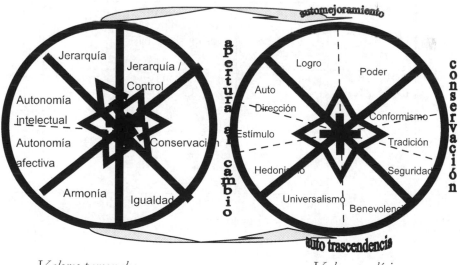

Valores personales   *Valores ecológicos*

Fuente: propia

La relación que se esboza arriba entre los valores ecológicos y personales de Shalom Schwartz se explica de manera más detallada en el cuadro a continuación en donde se puede apreciar los puntos de coincidencia entre tanto las dimensiones como los valor – tipo y lo que motiva a actuar en cada uno de ellos.

Tabla 9 : COMPARACIÓN – RELACIÓN VALORES ECOLOGICOS Y PERSONALES DE SCHWARTZ

DIMENSIONES DEL NIVEL SOCIAL	DIMENSIONES DEL NIVEL INDIVIDUAL	VALORES "TIPO" SOCIAL	Lo que se valora, lo que motiva a actuar	VALORES "TIPO" PERSONAL	Lo que se valora, lo que motiva a actuar
JERARQUÍA	AUTOMEJORAMIENTO	jerarquía	status, puestos superiores trato preferencial	logro	éxito ambición
JERARQUÍA / CONTROL		jerarquía control	El gobierno debe controlar al pueblo, unos merecen más que otros	poder	autoridad riquezas
IGUALDAD	AUTOTRASCENDENCIA	igualdad	lograr el bien para todos de igual manera	universalismo	justicia social igualdad
ARMONIA		armonía	sacrificar el bien de uno para el bien general	benevolencia	tolerancia disposición para ayudar
CONSERVACIÓN	CONSERVACIÓN	conservación	guardar el status quo, no "mover" nada	conformismo tradición seguridad	obediencia humildad devoción orden social

AUTONOMÍA (INTELECTUAL Y AFECTIVA)	APERTURA AL CAMBIO	autonomía intelectual	no aceptar todo acríticamente, cuestionar los que están en el poder, poder decidir por uno mismo	auto dirección	creatividad libertad
		autonomía afectiva	vivir como uno quiere	estímulo hedonismo	vida emocionante placer

*El valor ecológico expresa lo que motiva y lo que se valora de la vida social; el tipo de gobierno que se prefiere, etc.

*El valor personal expresa lo que motiva y lo que se valora en la vida personal; las actividades preferidas, lo que uno considera importante, el tipo de interacción con los demás preferido, etc.

Por ejemplo, en la dimensión del nivel social jerarquía – compromiso igualitario se encuentran los valores tipo jerarquía en un extremo cuyo motivo a actuar es el status, los puestos superiores y el trato preferencial y en el otro extremo el valor tipo igualdad en el cual la motivación es lograr el bien para todos de manera igual. La relación de esta dimensión con la dimensión del nivel individual auto mejoramiento - auto trascendencia es también clara donde en el primero el valor tipo logro es motivado por el éxito y la ambición mientras que el universalismo es motivado por la justicia social y la igualdad.

Otros teóricos, Kluckhohn y Strodbeck (1969), también se ubican en el ámbito de los valores, denominándose orientaciones de valores. Definen los problemas y condiciones a enfrentarse en toda cultura, asegurando que solo existen un número de soluciones limitadas en cada cultura por los valores de dicha cultura. Definieron seis temáticas en torno a los cuales se organizan las orientaciones de valores: el ser mismo, la familia, la sociedad, la naturaleza humana, la naturaleza, y lo sobrenatural. No obstante, se considera que por la escueta información estadística y referencial, no beneficia de manera importante considerar a Kluckhohn y Strodbeck en la indagación de este estudio.

Capítulo 4: La cultura en la educación: MAS, IDV, EI y DP en el salón de clase

La educación y MAS

Hofstede establece que los maestros en las culturas masculinas alaban a sus mejores alumnos porque el rendimiento académico es altamente valorado. De la misma manera, los estudiantes hombres en estas culturas se esfuerzan por ser competitivos, visibles, exitosos y orientados hacia la vocación. En culturas femeninas, los maestros rara vez alaban los logros individuales ni el logro académico porque se estima más la acomodación social. Los estudiantes hombres tratan de colaborar unos con otros y desarrollar un sentido de solidaridad; tratan de comportarse apropiadamente y modestamente; escogen las materias que les son intrínsicamente interesantes más que premiados vocacional mente; y la amistad es mucho más importante que la brillantez. (Hofstede, 1997, p.91) Además, las sociedades femeninas tienden a otorgar el rol de proveedor de cuidados a tanto hombres como mujeres y poner mucho menos énfasis en la asertividad en ambos. Ambos enfocan la colaboración, la conciencia de las personas necesitadas y la acomodación social.

Las diferencias entre las culturas predominantemente individualistas y las culturas colectivistas se pueden observar en cuatro aspectos; la participación en la clase; la integración del grupo; el como se concibe el propósito de la educación y el rol de los diplomas o la certificación. En la cultura colectivista, por ejemplo, para el estudiante que se concibe como parte del grupo es ilógico tomar la palabra si el mismo grupo no se lo haya indicado. Si el maestro quiere que hable alguien, deberá dirigirse a esa persona en particular. Además, los estudiantes de la cultura colectivista titubean antes de expresarse en un grupo grande sin que esté presente el maestro; sobre todo cuando el grupo se compone de personas desconocidos (*out group*). Las distinciones que surgen de la esfera familiar continúan en la escuela, provocando la formación de subgrupos en el salón.

En la cultura individualista, asignar tareas en grupo lleva más fácilmente a la formación de nuevos grupos: los estudiantes esperan ser tratados como individuos; la confrontación y el conflicto se consideran normales y existe poco o nulo problema de la conservación de la dignidad o auto-imagen [face]. El propósito de la educación es de preparar el individuo para ubicarse en una sociedad con otros individuos. Esto implica prepararse a tratar con lo desconocido y situaciones nuevas o imprevistas. Existe una actitud positiva hacia lo que es nuevo.

Asimismo, el propósito del aprendizaje es menos aprender como hacer que aprender como aprender; la sociedad individualista intenta proveer las habilidades necesarias para el hombre moderno. En la sociedad colectivista, hay un énfasis en la adaptación de habilidades y virtudes requeridas para ser un miembro aceptable del grupo. Esto conlleva el valorar la tradición; la educación es concebida como un proceso de una vez por todas, reservado para los jóvenes, quienes deben aprender "como hacer" para participar en la sociedad.

El rol de los diplomas o certificados del cumplimiento exitoso de los estudios también difiere entre los dos polos. En la sociedad individualista, el diploma no tan solo mejora su valor económico sino que también aumenta su autoestima: proporciona un sentido de logro. En la sociedad colectivista, el diploma es un honor otorgado al que lo tiene y a los miembros de su "in-group" que lo permite asociar con miembros de grupos de estatus social superior; por ejemplo, poderse casar con un buen candidato. La aceptación social que viene con el diploma es más importante que la sensación de autoestima individual que llega al dominar un tópico y es por ello que en las sociedades colectivas es mayor la tentación de "comprar" u obtener diplomas de manera irregular o ilegal. Las culturas individualistas entrenan a sus miembros a expresarse como medio de resolver conflictos. En clase, los estudiantes de culturas individualistas son dados a formular preguntas al profesor pero los de culturas colectivistas, no. De la misma manera, las personas de culturas individualistas tienden a utilizar estrategias confrontacionales al tratar problemas interpersonales; más los de las culturas colectivistas utilizan la evasión, los intermediarios terceros u otras técnicas que permiten conservar la dignidad y el auto—imagen (*"face-saving techniques"*). De hecho, un dicho común entre americanos europeos, altamente individualistas, es "la llanta que chilla es la que recibe el aceite" (sugiriendo que uno tiene que hacer ruido para recibir premio). El dicho correspondiente de los japoneses, una cultura medianamente colectivista, es "el clavo que sobre sale recibe el golpe del martillo" (así que uno debe tratar de no sobresalir). En China hay otro dicho similar "El pájaro que se pare más alto es al que disparan".

La educación y el EI

Hofstede afirma que los estudiantes en países de alto indicador de EI favorecen las situaciones de aprendizaje con objetivos precisos, tareas detalladas y fechas de entrega muy estrictas. Les agradan las situaciones en que hay una respuesta correcta que pueden encontrar y esperan reconocimiento por sus respuestas "correctas". En países de bajo indicador de EI, por lo contrario, los estudiantes aborrecen demasiada estructura: prefieren situaciones de aprendizaje abiertas, con objetivos generales, tareas amplias y poca o nada de programación en fechas de entrega. La sugerencia de que haya una solo respuesta correcta es tabú; esperan recibir reconocimiento por su originalidad.

En cuanto a las expectativas de los maestros, también hay diferencias marcadas. Los estudiantes de alto EI consideran al maestro el experto que tiene todas las respuestas. Se respeta a los maestros que utilizan lenguaje académico y críptico; algunos de los gurus de estos países escriben prosa tan difícil que se ocupa un comentario escrito por gente más ordinario para poder entenderlo. Stroebe (1976) dice "los estudiantes alemanes son criados en la creencia que cualquier cosa fácil de entender para ellos es dudosa y probablemente poco científico." Por lo general, los estudiantes en estos países no expresan desacuerdo académico con sus maestros; el desacuerdo intelectual en asuntos académicos se considera deslealtad personal.

Los estudiantes de las culturas de bajo EI aceptan al maestro que dice "No sé". Respetan al maestro que utiliza lenguaje claro y los libros que explican asuntos complejos de manera sencilla y el desacuerdo intelectual se considera un ejercicio estimulante. Por lo general, los miembros de culturas de bajo EI tienden a vivir de día a día y están más dispuestos a aceptar el cambio y tomar riesgos. Consideran natural el conflicto y la competencia, el desacuerdo es aceptable, la divergencia no es amenaza y el logro individual se considera benéfico. Consecuentemente, requieren pocas reglas para controlar el comportamiento social y no tienden a adoptar rituales religiosos que requieran patrones de acción muy precisas.

El DP y la educación.

Se observan en este indicador las mismas diferencias que hay entre las familias: los valores y comportamientos básicos son llevados de una esfera a la otra. La desigualdad hijo-padre del alto DP se perpetúa en la desigualdad maestro-alumno que atiende la necesidad de dependencia muy establecida en la mente del alumno. A los maestros se les respeta (los mayores aún más); el proceso educativo es centrado en el maestro y el maestro delimita los caminos educativos a seguirse. Debe haber un orden estricto en el salón de clase y el maestro es quien inicia toda comunicación. Los estudiantes hablan en clase solo cuando se les cede la palabra; a los maestros no se les critica ni contradice de manera pública y son tratados con deferencia aun afuera del salón de clase. Cuando un alumno se comporta mal, el maestro involucra a los padres de familia para que apliquen disciplina. El proceso educativo es altamente personalizado: sobre todo en los niveles superiores lo que se transmite no se concibe como "verdad" sino la sabiduría personal del profesor. En este sistema, la calidad de aprendizaje depende virtualmente exclusivamente de la excelencia de los maestros.

En situación de bajo DP, se espera que los maestros traten a los estudiantes básicamente como iguales y esperan ser tratados como iguales por los estudiantes. Los maestros jóvenes son más iguales y por tanto usualmente más apreciados que los mayores. El proceso educativo es centrado en los alumnos y los alumnos deben encontrar sus propios caminos intelectuales. Intervienen en la clase sin invitación y se espera que pregunten si no entienden algo: discuten con el maestro, expresan desacuerdos y críticas frente al profesor y no muestran ningún respeto particular a los maestros fuera de la escuela. Cuando un alumno se porta mal, muchas veces el padre se pone del lado del alumno, no el maestro. El proceso educativo es bastante impersonal; lo que se transfiere son "hechos" o "datos" que existen independientemente de este maestro en particular.

El aprendizaje efectivo en este sistema depende mucho de que si se establece la supuesta comunicación en dos direcciones entre estudiantes y maestro. El sistema entero depende de que la necesidad de los alumnos de independencia sea bien desarrollada; la calidad de aprendizaje depende en gran medida de la excelencia de los estudiantes.

Se espera que los estudiantes de las culturas de alto indicador de DP sigan las indicaciones y deseos de sus maestros y el conformismo se considera bueno. Como consecuencia, la curricula tiende a involucrar mucho aprendizaje a memoria y a los estudiantes se les inhibe plantear preguntas porque éstas pudieran representar una amenaza a la autoridad del maestro. En culturas de bajo DP, los estudiantes consideran importante su independencia, y tienen mucho menos tendencia de conformarse a las expectativas de maestros u otras autoridades. El sistema educativo mismo refuerza los valores de bajo DP al enseñarles a los estudiantes a formular preguntas, resolver los problemas de manera creativa y única y a cuestionar la evidencia que lleva a conclusiones.

El caso de México: ¿Cómo andamos en las dimensiones de Hofstede?

Aplicando el estudio de las dimensiones al país de México, en comparación con los EEUU y Japón, se observa lo siguiente. En la dimensión de DP, México tiene 112, Japón -13 y EEUU 178; en la dimensión IDV, México resulta con -52, Japón 12 y EEUU 190; en la dimensión MAS México tiene 112, Japón 225 y EEUU 73; y en la dimensión EI México tiene 69, Japón 110 y EEUU -81.

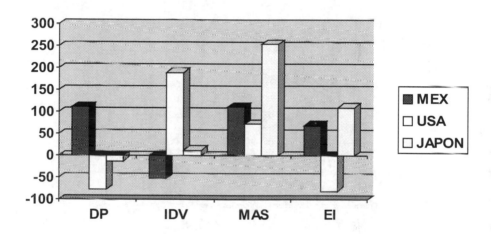

Tabla 10: Valores de las cuatro dimensiones de Hofstede en México comparando con USA y Japón.

Fuente propia

Por lo contrario, México es a la vez similar y diferente a muchos países latinoamericanos donde se comparan y analizan las dimensiones de Hofstede. Se nota mayor disparidad en las dimensiones DP, IDV y MAS y mayor similitud en la de EI. En la dimensión de DP, México tiene 112, Venezuela 112, mientras que Argentina tiene -36, y Brasil 56, Perú 33, y Chile 29 números menores; en la dimensión de IDV, México tiene -52, Venezuela -123, Argentina 12, Brasil -20, Perú -107, y Chile -80; en la dimensión de MAS, México tiene 112, Venezuela 134, Argentina 40, Brasil 1, Perú -43, y Chile -125; en la dimensión de EI, México tiene 69, Venezuela 44, Argentina 85, Brasil 44, Perú 89, y Chile 85.

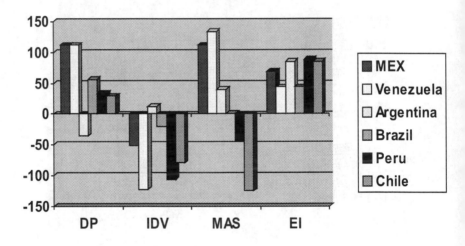

Tabla 11: Promedio de valores de las dimensiones en países latinoamericanos

Fuente: propia

Se observa que la dimensión de Hofstede más similar en los países de Latinoamérica es (EI) Evasión de la Incertidumbre indicando la poca tolerancia de la sociedad en conjunto para con la incertidumbre y como resultado, la sociedad no acepta fácilmente el cambio y tiene aversión al riesgo.

Por otra parte, estos países tienen en promedio un indicador bajo de IDV, y en esta dimensión se consideran sociedades colectivistas donde es de suma importancia la lealtad; se antepone a la mayoría de las reglas y leyes sociales. La sociedad fomenta relaciones estrechas en las cuales todos asumen responsabilidad para los demás miembros de su grupo.

México tiene el indicador segundo más alto de (MAS) en Latino América (69). Esto indica que el país experimenta un alto grado de diferenciación en roles de género. El hombre domina una proporción significativa de la sociedad y las estructuras de poder.

Otra dimensión en que México tiene un indicador más alto que algunos de sus vecinos latinos es en (DP) con un indicador de 112, comparado a un promedio de 70. Esto indica un alto nivel de desigualdad de poder y dinero entre la sociedad, no necesariamente subvertido en la población, sino aceptado por la cultura en general.

En muchos de los países de Latinoamérica, incluyendo México, la población es predominantemente católica (ver gráfica abajo). La combinación del catolicismo y las dimensiones culturales refuerza una filosofía que se predica en la creencia de una "verdad" absoluta. Geert Hofstede explica su actitud así, "Hay una sola Verdad y nosotros la tenemos."

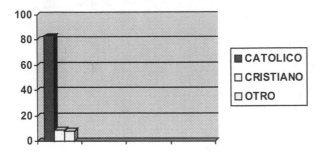

Tabla 12: Porcentaje de la población de México por religión fuente: propia

En un país donde mas del 50% son católicos, la dimensión

que más se correlaciona con la religión es (EI). Solo 2 países de 23 no

seguían esta interrelación, según Hofstede, Irlanda y las Filipinas.

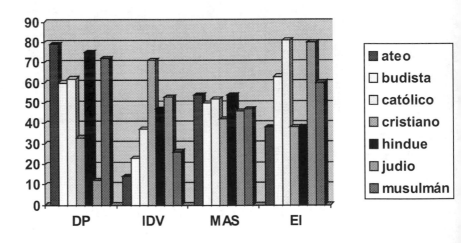

Tabla 13: Promedio de dimensiones de Hofstede por religión
Fuente: http://www2.andrews.edu/~tidwell/bsad560/Hofstede.html

Es interesante notar la relación de las dimensiones en cuanto

la religión predominante del país. Se observa que en los países predominantemente católicos el indicador de EI es alto, superior a 70, mientras que el indicador de MAS es un poco menor a 50, el DP casi 60 y el IDV solo 30.

Para finalizar con este análisis, la tabla a continuación muestra los indicadores de las diferentes dimensiones de México y el promedio de los demás países de Latino América. Es interesante notar que mientras el indicador de EI es prácticamente igual, existen diferencias importantes en el DP, el MAS y el IDV.

Tabla 14: Comparación valores de dimensiones en México con el promedio de otros países latinoamericanos

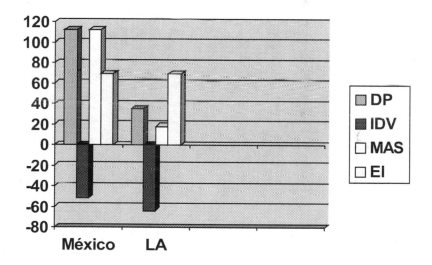

Fuente: propia

Resulta interesante enfatizar aquí que, dada la definición de los indicadores de México en las dimensiones de Hofstede, se puede realizar un compendio de expectativas del estudiante Mexicano, retomando las tendencias de las diferentes dimensiones. Si se aceptan estas definiciones de las dimensiones de la cultura, como México tiene un indicador alto de MAS, se puede esperar que el rendimiento académico es altamente valorado y que los estudiantes hombres en estas culturas se esfuerzan por ser competitivos, visibles, exitosos y orientados hacia la vocación.

También tiene un indicador alto de EI, lo cual indica que favorecen situaciones de aprendizaje con objetivos precisos, tareas detalladas y fechas de entrega muy estrictas. Les agradan las situaciones en que hay una respuesta correcta que pueden encontrar y esperan reconocimiento por sus respuestas "correctas". En cuanto a sus expectativas de los maestros, los estudiantes de alto EI consideran al maestro el experto que tiene todas las respuestas. Se respeta a los maestros que utilizan lenguaje académico y críptico; algunos de los gurus de estos países escriben prosa tan difícil que se ocupa un comentario escrito por gente más ordinario para poder entenderlo y por lo general, los estudiantes en estos países no expresan desacuerdo académico con sus maestros; el desacuerdo intelectual en asuntos académicos se considera deslealtad personal.

En tanto al indicador del IDV, México tiene un indicador relativamente bajo (-52) lo cual indica una tendencia más colectivista que individualista. En este sentido, si el maestro quiere que hable alguien, deberá dirigirse a esa persona en particular y la integración del grupo en el salón tenderá a ser más difícil, manteniéndose la formación de subgrupos en el salón. Además, la educación es concebida con un proceso de una vez por todas, reservado para los jóvenes, quienes deben aprender "como hacer" para participar en la sociedad. Asimismo, el diploma es un honor otorgado al que lo tiene y a los miembros de su "in-group", significa aceptación social más que la sensación de autoestima individual. Por otra parte, se recuerda que en clase, los estudiantes de las culturas colectivistas utilizan la evasión, los intermediarios terceros u otras técnicas que permiten conservar la dignidad y el auto—imagen *(face-saving techniques)*.

Finalmente, con referencia al DP, México tiene un indicador alto (112), bastante más alto que el promedio de otros países latinoamericanos (35). Se puede esperar entonces que la desigualdad hijo-padre del alto DP se perpetúa en la desigualdad maestro-alumno que atiende la necesidad de dependencia muy establecido en la mente del alumno. A los maestros se les respeta (los mayores aún más); el proceso educativo es centrado en el maestro y el maestro delimita los caminos educativos a seguirse. Debe haber un orden estricto en el salón de clase y el maestro es quien inicia toda comunicación. Los estudiantes hablan en clase solo cuando se les cede la palabra; a los maestros no se les critica ni les contradice de manera pública y son tratados con deferencia aun afuera del salón de clase. Cuando un alumno se comporta mal, el maestro involucra a los padres de familia para que apliquen disciplina.

El proceso educativo es altamente personalizado: sobre todo en niveles superiores lo que se transmite no se concibe como "verdad" sino la sabiduría personal del profesor. En este sistema, la calidad de aprendizaje depende virtualmente exclusivamente de la excelencia de los maestros. Se espera que los estudiantes de las culturas de alto indicador de DP sigan las indicaciones y deseos de sus maestros y el conformismo se considera bueno. Como consecuencia, el currículo tiende a involucra mucho aprendizaje a memoria y a los estudiantes se les inhibe plantear preguntas porque éstas pudieran representar una amenaza a la autoridad del maestro.

Capítulo 5: Un modelo para especificar las dimensiones de la cultura en el ámbito de la educación

Figura 3 : Un esquema de la metodología empleada

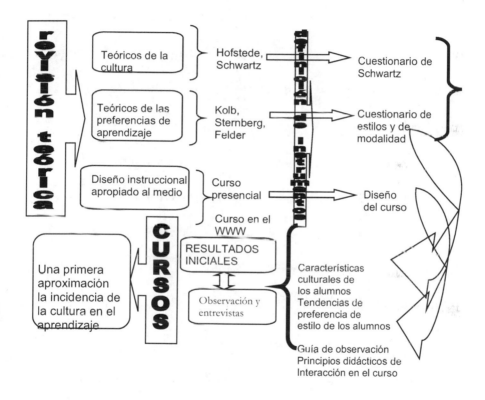

Fuente: propio

En resumen, para poder determinar la incidencia de los valores culturales en la educación formal se requirió, antes que nada, delimitarlos con claridad. Por ello, como primer paso en la construcción del modelo, se realizó una investigación documental exhaustiva para construir un marco referencial de los diversos teóricos que permitiera conocer las características culturales observables de los alumnos del estudio. Se revisaron las teorías de la cultura, las teorías de la intervención didáctica y la interactividad, del impacto del medio tecnológico y las características necesarias del mismo medio, en función de experiencias similares de enseñanza distribuida. Esta meta-análisis de la literatura permitió delimitar coincidencias y puntos afines entre los diferentes teóricos y tendencias culturales.

Específicamente se estudiaron las dimensiones de Hofstede (1989, 1991, 1995), en Ulijn, 2002 con otros enfoques teóricos de la cultura (Schwartz, 2002) (Hall, 1976, 1990) (Ting-Toomey, 1992) (Trompenaars, 1997) (Maletzke, 1996) (Strodbeck y Kluckholm, 1976) para establecer áreas de coincidencia, teóricos cuyos contenidos ya fueron expuesto brevemente.

Como resultado de esta revisión teórica se identificaron las dimensiones culturales de individualismo/colectivismo, el alto/bajo contexto en su relación estrecha con la dependencia/ independencia de campo, la distancia de poder y la evasión de la incertidumbre como las más descriptivas y profundas y especialmente pertinentes a este estudio por involucrar aspectos claves del proceso educativo.

Una vez establecidas estas dimensiones como potencialmente explicativas de la incidencia de la cultura en los procesos de aprendizaje, dado que abordan las diferentes interacciones observables involucradas, se enfrentó la disyuntiva de establecer una forma de conocer el perfil de los sujetos específicos en dichas dimensiones. Esto representaba un grave problema, puesto que las dimensiones de Hofstede fueron establecidos para culturas en general y no pueden ser medido para los individuos y son resultados estadísticos de miles de personas. Es decir, puede haber personas cuyos ideales expresan o alto o bajo indicador de PDI en todas las sociedades. (Hofstede, 1995)

Una revisión teórica posterior dio lugar al análisis profundo y la comparación de los valores definidos por Shalom Schwartz con las dimensiones de Hofstede. Este proceso permitió construir un modelo teórico que contempla las dimensiones de Hofstede (1995) en una indagación a nivel personal a través de la observación de los valores de Schwartz (2000). El que Schwartz intentó identificar un conjunto universal de valores que operara en el nivel individual además del cultural permitió la indagación a nivel micro. Además, como ya se mencionó, Schwartz explica que, en teoría, deben ser similares la dimensión ecológica o social y la individual puesto que en primer lugar los valores de la sociedad (el grupo) se dirigen a las mismas preocupaciones humanas que los valores del individuo. Por otro lado, los individuos de una sociedad dada son socializados para aceptar internamente los valores de dicha sociedad y, finalmente, la sociedad establece mecanismos de refuerzo para asegurar que el individuo experimentará conflicto o armonía al perseguir valores individuales que contrastan con o se alinean con los valores de la sociedad. (Schwartz, 2002) Como el presente estudio indaga en un grupo limitado de sujetos, un universo muy particular del caso de alumnos de maestría de Sinaloa, resultó muy provechoso la especificación provista por los valores de Schwartz.

Dichos valores se identifican utilizando el inventario de Schwartz (ESS) aplicado en la Comunidad Económica Europea, para determinar los valores culturales predominantes. Al establecer una descripción detallada de las dimensiones de Hofstede, identificando las características de los extremos de cada dimensión, se notó que se pueden observar las particularidades de la distancia de poder de Hofstede en los valores tipo de Schwartz (poder, logro, hedonismo, estímulo, auto-dirección, benevolencia, conformismo, tradición y seguridad) y las dimensiones (auto mejoramiento – auto trascendencia; apertura al cambio – conservación) de Schwartz.

Es importante resaltar que la relación entre las dimensiones y valores de nivel cultural de Schwartz y las dimensiones definidas por Hofstede se distingue más claramente que los valores a nivel personal; sin embargo, los valores de nivel personal son más explícitos y se pueden relacionar más claramente con una conducta concreta que los valores al nivel cultural, permitiendo establecer asociaciones entre los dos teóricos.

Para ilustrar más claramente esta asociación, a continuación, los valores a nivel social se presentan en asociación con sus valores conceptualmente opuestos, indicándose la asociación entre ellos con flechas bi direccionales e identificándose cada una con una letra a – f. De este modo, se establece la asociación opuesta entre jerarquía e igualdad; (señalado con f-c) conservación y autonomía (autonomía intelectual y autonomía afectiva) (señalado con b – e); y control/jerarquía y armonía (señalado con a – d). La siguiente figura muestra la asociación entre los valores tipo de nivel social y su valor opuesto en cada caso, para aclarar como se establecieron las categorías de asociación con las dimensiones IDV, DP y EI de Hofstede.

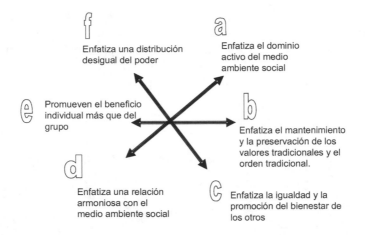

Fuente: propia

De esta forma, en las cuatro representaciones que propone Schwartz de las problemáticas básicas enfrentadas por todo grupo social y para las cuales existen valores a nivel nacional así como individual, se pueden observar claramente la estrecha relación con las dimensiones de Hofstede mencionadas anteriormente. La relación individuo grupo de Schwartz se relaciona con la dimensión individualismo-colectivismo de Hofstede; las interdependencias y el uso del poder de Schwartz con la dimensión de la distancia de poder de Hofstede; la habilidad de un individuo de manejar su universo así como su forma de manejar el bienestar de los demás (sobre todo los débiles) y la calidad de vida de Schwartz se relaciona estrechamente con la dimensión de la evasión de la incertidumbre de Hofstede.

Como se puede observar en la figura 10, la descripción de los valores al nivel personal, la valoración del auto – dirección y el logro representan la dimensión individualista; la valoración del estimulo y el hedonismo representan la tendencia EI bajo y la valorización de la seguridad y la tradición, representan la tendencia EI alto; la valoración del poder representa el DP alto y la valorización de la benevolencia, el DP bajo. Por otro lado, se observa también en la figura 10 que en el nivel cultural general, la tendencia EI es representada en la dicotomía de valores de armonía y control; el IDV se representa en la dicotomía de autonomía y conservación y el PDI, en los valores opuestos de jerarquía e igualdad.

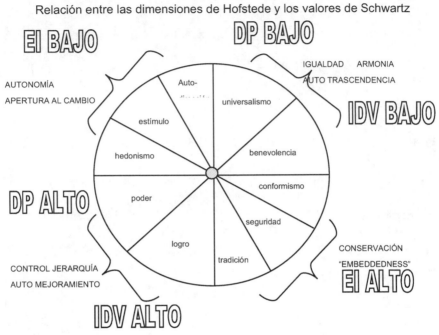

Fuente: propia

Esta aplicación de Schwartz para explicitar a Hofstede e indagar en el ambiente de la clase en combinación con la observación de tendencias en el salón permitió una aproximación a la conceptualización y caracterización de la incidencia de los valores y las características culturales en el proceso de aprendizaje formal. El modelo resultante combina tanto los valores culturales, situados en las dimensiones definidos por Hofstede como las de Schwartz, con los momentos y formas de interacción didáctica presentes en toda situación educativa.

Para identificar con claridad las formas de interacción, se conciben dos categorías generales que constituyen un curso, considerando tanto el elemento humano como la construcción curricular. En primer lugar, las relaciones e interrelaciones que se dan en el salón de clase entre las personas involucradas y por otro lado están los procesos y elementos del curso mismo.

Aquí se plantea que en las relaciones e interrelaciones entre compañeros se involucra la dimensión IDV y los valores de igualdad, benevolencia y auto trascendencia. Las relaciones e interrelaciones entre alumno y profesor involucran la dimensión DP y los valores de conservación, obediencia y jerarquía, y las relaciones e interrelaciones del alumno con el contenido del curso involucra la dimensión EI y los valores de tradición y apertura al cambio

Cabe aclarar que se ubican las tendencias de preferencia de aprendizaje (que también se revisaron en el estudio) dentro de la dimensión de relaciones e interrelaciones del alumno con el contenido, incluyendo las tendencias de surjan de la misma personalidad del alumno, su estilo cognoscitivo y sus preferencias de modalidad.

En el apartado de procesos y elementos del curso, se incluyen el método empleado que involucra la dimensión EI y IDV y los valores de tradición y apertura al cambio, las políticas del curso que involucran la dimensión EI y DP y los valores de libertad, obediencia y jerarquía, las actividades de enseñanza que involucran la dimensión DP y IDV y los valores de igualdad, obediencia y jerarquía, las actividades de aprendizaje que involucra la dimensión DP y IDV y los valores de igualdad, benevolencia y auto trascendencia, y la tarea o el producto esperado que involucra la dimensión IDV y EI y los valores de igualdad, logro y auto mejoramiento.

Para conocer los elementos del primer apartado se implementó la observación participante, registrándose actitudes asumidas y acciones tomadas en el transcurso de las interacciones.

En cuanto al segundo apartado, el curso mismo elaborado ex profeso permitió registrar las dimensiones y los valores involucrados al identificar con claridad las acciones relacionados con los diferentes elementos.

Se estableció que los valores tipo culturales de Schwartz al nivel individual involucrados en tanto la dimensión DP como la de IDV de Hofstede son el universalismo y la benevolencia ambos asociados respectivamente con el DP bajo y el colectivismo; el poder y el logro ambos asociados respectivamente con el DP alto y el individualismo.

Los valores al nivel ecológico o social de estas dimensiones son la igualdad, la armonía, la auto- trascendencia todos asociados con el DP bajo y el colectivismo; y el control, la jerarquía y el auto-mejoramiento todos asociados con el DP alto y el individualismo.

Por otro lado, los valores culturales de Schwartz al nivel individual involucrados en la dimensión de EI Hofstede son el hedonismo, el estímulo, la auto- dirección (asociados con el EI bajo), el conformismo, la seguridad y la tradición (asociados con el EI alto).

Asimismo, los valores al nivel ecológico o social asociados a esta dimensión son la autonomía, la apertura al cambio (asociados con el EI bajo), y la conservación (asociados con el EI alto).

Como se puede observar, los valores culturales tienen una amplia incidencia y, además, explicitar en cada categoría y sub categoría el motivante delimitado en ambos referentes teóricos culturales, permitió construir un modelo para una primera aproximación de la incidencia de la cultura en los procesos de aprendizaje de alumnos de postgrado.

Capítulo 6: La aplicación del modelo – una indagación cultural educativa

Este sencillo modelo fue aplicado en una intervención educativa en tres grupos de estudiantes de Maestría y un grupo de sujetos de un curso virtual. Se decidió realizar la intervención en alumnos de Maestría por considerar que su conducta como alumnos por encontrarse en una etapa posterior a los estudios de licenciatura, en donde sus hábitos y tendencias, sobre todo en el ámbito educativo, son relativamente estables.

Entre los sujetos participantes en los tres cursos presenciales así como el curso virtual, se aplicaron tres cuestionarios de valores culturales, cuatro cuestionarios de estilos de aprendizaje y se entrevistaron a profundidad en torno a los valores culturales así como las preferencias y estilos de aprendizaje a ocho de los 28 sujetos totales.

Los tres grupos de curso presencial se denominaron Grupos A, B, C y D, siendo este último el virtual. El grupo A, fueron un total de 8 alumnos, 4 mujeres y 4 hombres cuya edad oscilaba entre los 25 y 52 años de edad. El grupo B constaba de cinco sujetos, tres mujeres y dos hombres, todos menores de 36 años. El grupo C constaba de 8 sujetos. En este grupo estaban seis mujeres y dos hombres. Una de las mujeres tenía mas de 35 años, otra entre 25 y 30 y los demás sujetos tenían edad menor de 25 años.

Además, se aplicaron los tres cuestionarios de valores culturales y los tres cuestionarios de estilos de aprendizaje a siete sujetos del grupo D que participaron en un curso virtual, y se entrevistaron además a cinco de estos alumnos.

Tabla 15: Descripción de sujetos del estudio

Rango de edad	20-25	25-30	30-35	35-40	40-50
Número de sujetos	6	8	4	5	5
Nivel de estudios	Licenciatura	Maestría en curso (inicio)	Maestría en curso (final)	Maestría terminada	Doctorado
Número de sujetos	1	12	9	5	1
Genero	masculino	fcmenino			
Número de sujetos	10	18			

Fuente: propia

Resultados de cuestionarios: valores culturales: Resultados globales

Los tres cuestionarios que se aplicaron para indagar en los valores culturales de los sujetos fueron los siguientes: un cuestionario que identifica tendencias culturales generales, distinguiendo entre la tendencia predominante hacia un indicador de distancia de poder alto o bajo y una tolerancia a la ambigüedad alta o baja, (CC1), y los dos cuestionarios de Schwartz. El primero de estos enfoca los valores culturales a nivel personal (CC2) y el segundo aborda el nivel social amplio de los valores (CC3).

El cuestionario general (CC1) consiste en 18 preguntas que abordan diferentes valores involucrados en la disposición o tendencia cultural general. Cada reactivo expresa una afirmación con el cual el sujeto expresa su grado de alineamiento en una escala de 5 reacciones, desde muy de acuerdo a muy en desacuerdo. Este cuestionario, para poder comparar y contrastar, además de identificar la tendencia, aborda los valores identificados por Schwartz (y representados en las dimensiones de Hofstede) en cada reactivo del cuestionario general. Desde esta perspectiva, se establece que dicho cuestionario enfoca el valor del control, y la autonomía, la conservación, la armonía, la igualdad y la jerarquía.

Se aclara que en esta encuesta la letra A denota una tendencia cultural hacia el bajo contexto; un indicador bajo de evasión de la incertidumbre; un indicador bajo de distancia de poder y la valoración individualista y la letra B indica una tendencia cultural hacia el alto contexto; un indicador de alto de evasión de la incertidumbre; un indicador de alto de distancia de poder; y la valoración colectivista.

Se puede observar que de los quince sujetos, 13 reportaron una tendencia B y de los dos que quedaron en la A, uno tiene una diferencia de 3 puntos y el otro de solo un punto. (Fueron solo 15 sujetos que completaron este cuestionario, no reportándose aquí resultados del grupo A). Además, resulta interesante observar que no existen diferencias extremas con respecto a las tendencias generales, resaltándose la cercanía en los resultados de la mayoría de los sujetos.

Tabla 16: Valores y porcentajes de valores representados en el cuestionario general.

	PODER	%	TRADICION	%	SEGURIDAD	%	UNIVERSALISMO	%	ESTIMULO	%	BENEVOLENCIA	%
Sujeto 1	2	20%	27	68%	8	80%	2	20%	5	50%	6	60%
Sujeto 2	5	50%	18	45%	4	40%	2	20%	5	50%	3	30%
Sujeto 3	8	80%	28	70%	6	60%	5	50%	7	70%	7	70%
Sujeto 4	5	50%	30	75%	3	30%	2	20%	6	60%	8	80%
Sujeto 5	6	60%	30	75%	6	60%	4	40%	7	70%	7	70%
Sujeto 6	2	20%	28	70%	4	40%	2	20%	7	70%	6	60%
Sujeto 7	4	40%	27	68%	5	50%	2	20%	5	50%	8	80%
Sujeto 8	5	50%	25	63%	5	50%	3	30%	5	50%	6	60%
Sujeto 10	2	20%	21	53%	2	20%	2	20%	3	30%	5	50%
Sujeto 11	4	40%	20	50%	3	30%	2	20%	5	50%	5	50%
Sujeto 12	4	40%	20	50%	3	30%	2	20%	4	40%	4	40%
Sujeto 13	2	20%	28	70%	4	40%	3	30%	6	60%	9	90%
Sujeto 15	3	30%	20	50%	4	40%	4	40%	6	60%	6	60%
Sujeto 16	5	50%	30	75%	5	50%	2	20%	7	70%	7	70%
Sujeto 24	5	50%	30	75%	5	50%	2	20%	7	70%	7	70%
Sujeto 25	3	30%	23	58%	5	50%	2	20%	6	60%	7	70%

Se nota que 7 personas obtuvieron en sus resultados únicamente entre 1 y 3 puntos de diferencia; 3 entre 4 y 6 puntos de diferencia; y 5 entre 7 y 10 puntos de diferencia.

Este primer cuestionario se aplicó al inicio de la fase de intervención del estudio y todavía no se habían determinado los puntos de intersección de Schwartz y Hofstede que posteriormente permitieron delimitar los valores con mayor detalle. Se incluye, no obstante, como otro elemento que permite conocer tendencias generales.

A partir de la definición del modelo de intervención y para indagar con mayor detalle las tendencias culturales de los sujetos, se aplicaron los dos cuestionarios de Schwartz (CV2, CV3), que demuestran con mayor precisión las distinciones en los valores de los sujetos. El primer cuestionario enfoca los valores que orientan a nivel personal, la acción individual, y el segundo permite conocer más acerca de los valores con referencia a la sociedad en general y el actuar del individuo como miembro de tal. Estos resultados de los cuestionarios de Schwartz permitieron observar perfiles culturales de los aprendices, identificando sus valores preferenciales así como sus tendencias en las dimensiones de Hofstede de evasión de la incertidumbre, distancia de poder e individualismo / colectivismo.

En el primer cuestionario de Schwartz, se observa que los resultados en los tres grupos son muy similares en cuanto al valor personal de interacción, la apreciación del auto dirección, la benevolencia, el hedonismo, la seguridad, el estímulo y el universalismo. No obstante, se puede apreciar una diferencia en la asignación de los valores del poder, la tradición y el conformismo: el valor del poder – igual entre el grupo A y C- y mayor en el Grupo B, la tradición, significativamente mayor en los grupos A y B; y el conformismo, en donde destaca una diferencia entre C y B y otro igual entre B y A.

Los valores al nivel social sobre los que indaga el segundo cuestionario incluyen la conservación, la autonomía afectiva, la autonomía intelectual, la armonía, el control, la jerarquía y la igualdad De los 25 sujetos, 17 reportaron una valoración muy baja de la jerarquía, cinco la valoraron medianamente bajo y solo tres le otorgaron una valoración medianamente alto. Este valor que se ubica en la dimensión de Hofstede de PDI y se encuentra en contraposición al valor de igualdad. En cuanto a la igualdad, no obstante, 14 sujetos la valoraron entre 75% y 100 % de su máxima valoración posible, cuatro medianamente alto y seis en menos de 50% de su máxima valoración. En referencia al valor de la armonía, en oposición con el valor del control, en todos los sujetos predominó el segundo. Del total de 25 sujetos que completaron el cuestionario, 21 valoraron el control medianamente alto (entre 50 y 75% de su valoración total posible) y los restantes cuatro lo valoraron altamente (entre 75 y 100% de su valoración total posible). Por lo contrario, y congruentemente con su ubicación de valor tipo contrastante, solo seis sujetos valoraron medianamente alto a la armonía, cinco medianamente bajo y los restantes 13 la valoraron muy bajo.

En cuanto a los valores encontrados de autonomía y conservación, 20 de los 25 valoraron medianamente bajo a la autonomía, cuatro muy bajo y uno medianamente alto mientras que 7 valoraron muy bajo a la conservación, 6 medianamente bajo, 7 medianamente alto y cuatro de manera absoluto.

Por otra parte, los valores a nivel personal también fueron significativos grupalmente. Los tres valores que sobresalieron en cuanto a la valoración grupal que se hizo en los cuestionarios fueron el universalismo, la auto dirección y el logro ya que 9 de 28 valoraron el universalismo en un 100% del total posible, y 18 de los 19 restantes lo valoraron entre 83 y92%. Solo uno de los sujetos lo valoró en el 67% de su total valoración posible. En cuanto a la auto dirección, 8 de 28 lo valoraron en 100%, 16 entre 83 y 92 % y cuatro en el 75% del total. Con respecto al logro, seis sujetos lo otorgaron el 100% de su valor posible, siete entre 83 y 92%, uno el 75%, seis el 67%. Seis entre 50 y 58% y solo uno 33% y uno 25%.

Como grupo predominó levemente la preferencia para la apertura al cambio (solo uno menor a 75% del total posible) en la dimensión apertura – conservación (11 menor a 75% del total posible), y en la de auto trascendencia – auto mejoramiento (16 menor a 75% del total posible), se prefirió la de auto trascendencia (solo uno menor a 77% del total posible).

Por otra parte, fueron interesantes los resultados en cuanto a las dimensiones de DP, EI e IDV comparativamente entre todos los sujetos. Resultaron de los 28 sujetos del estudio 17 con un indicador DP medio, solo 5 con un indicador DP alto y 5 con un indicador DP bajo. Si recordamos que a nivel país, México tiene un indicador alto (112), bastante más alto que el promedio de otros países latinoamericanos (35) en este estudio hubo una diferenciación al nivel del grupo de sujeto. Se puede esperar entonces menor desigualdad maestro-alumno y menor dependencia muy establecida en la mente del alumno. Además, la formalidad del respeto para con los maestros y el orden estricto en el salón de clase variaría. De la misma manera no se espera que los estudiantes sigan las indicaciones y deseos de sus maestros y no se considera bueno el conformismo.

Asimismo, se observa el número de sujetos que resultaron ubicarse en EI alto, mediado o bajo. En este indicador, los resultados fueron aun más absolutos, ya que solo un sujeto de los 28 resultó con un indicador alto de EI, 13 resultaron con un indicador EI medio y 14 con un indicador EI bajo.

De la misma manera que el indicador DP, en el estudio de países que realizó Hofstede, México tiene un indicador alto de EI. Sin embargo, en este grupo de sujetos, únicamente un sujeto se conforma a dicho perfil y los demás tienen el indicador o medio o bajo. Por ello la conducta congruente también variaría de lo que se explicitó para el EI alto.

Resultados por grupos por indicadores de valores culturales de Hofstede: *Indicador de distancia de poder DP*

Indicador bajo DP

Resulta interesante observar la relación que se da entre el indicador DP y el indicador EI. De los seis sujetos que registran un indicador bajo de DP, cinco reportaron además un indicador bajo de EI. Con referencia a los valores de Schwartz, hubo también variaciones. En cuanto a los valores-tipo de nivel ecológico o social, tres sujetos favorecieron grandemente la armonía y otros tres favorecieron ligeramente el control sobre la armonía. Dos favorecieron ligeramente la conservación sobre la apertura al cambio, uno valoró a ambos igualmente y tres favorecieron la apertura al cambio. En cuanto al valor de auto trascendencia, la totalidad de estos seis sujetos la favorecieron sobre el auto mejoramiento.

En cuanto a la dicotomía de valores de conservación y autonomía, cuatro valoraron absolutamente la autonomía y dos valoraron los dos de manera equitativa. Con referencia a la jerarquía y la igualdad, tres sujetos preferenciaron la jerarquía, dos la igualdad y uno valoró a ambos por igual.

De los sujetos de este grupo, dos participaron en el curso del Internet y los otros cuatro en grupos presenciales. Este grupo de alumnos en su totalidad se mostraron respetuosos en el salón de clase y resultaron ser muy participativos y protagónicos en el desarrollo del curso. Hubo un alumno que fue muy participativo, aunque por razones de su trabajo se vio obligado en reiteradas ocasiones retirarse temprano o llegar tarde.

En cuanto a la participación en el curso del Internet de los dos sujetos de este grupo, fue muy escasa por parte de un sujeto y del otro, en contraste, muy abundante. Sin embargo, las entrevistas realizadas a estas dos personas complementan los resultados del cuestionario y de la observación para poder ampliar su descripción. Por ejemplo, un sujeto, cuando se le pregunta acerca del auto mejoramiento afirma su preferencia al decir "Si me voy al bien del grupo, yo ya voy mal, voy a dar un gran sacrificio a ese grupo, ya desde ese momento el grupo ya no me representa a mí, mi satisfacción, mi libertad o mi expresión." Las respuestas del otro sujeto también denotan confirmar las respuestas de los cuestionarios. Por ejemplo, con referencia al valor de la obediencia, afirma "Es importante el respeto, la obediencia yo la considero que debe ser una obediencia como de convencimiento, o sea mi hijo no tiene que obedecerme si no lo convenzo pues." Esto difiere grandemente de la apreciación de que el lugar del hijo – y del alumno – es obedecer porque se tiene que conservar el control.

Indicador DP medio

La gran mayoría de los sujetos, un total de 17, resultaron con un indicador de distancia de poder mediado. La relación entre el indicador DP y el indicador EI en este grupo es menos marcado pero sigue similar a la que se da entre los de indicador DP alto. Nueve sujetos corresponden a un indicador de evasión de la incertidumbre bajo, siete EI medio y solo uno tiene un alto indicador de EI.

Los resultado de este grupo en el valor-tipo apertura al cambio o su valor contrario de conservación son realmente decisivos, ya que 15 de los 17 favorecieron la apertura y solo dos la conservación. En cuanto a la auto trascendencia o auto mejoramiento, 10 favorecieron la auto trascendencia, 5 el auto mejoramiento y dos valoraron ambos de manera igual, denotando la preeminencia de la auto trascendencia.

En los valores de nivel ecológico, 13 favorecieron la autonomía sobre la conservación y cuatro consideraron mayormente importante la conservación. En cuanto a la dicotomía armonía y control, fue más equitativa la distribución de los valores preferidos ya que 9 favorecieron la armonía, 5 el control y tres valoraron ambos de manera igual. Resultaron interesantes los valores de jerarquía e igualdad: este grupo fue contundente en sus respuestas ya que 16 favorecieron la jerarquía y solo uno favoreció de igual manera a ambos jerarquía e igualdad.

Se esperaría que este grupo de alumnos en el salón de clase tuviera una conducta congruente con el indicador DP medio, es decir, que fueran accesibles en cuanto la comunicación con el profesor, prefiriendo una instrucción guiada y que guardaran por lo general orden en el salón.

Las observaciones realizadas en este grupo aportan mucho a la delimitación de su perfil cultural y en gran medida apoyan los resultados del cuestionario. Por ejemplo, varios sujetos expresaron claramente su preocupación por el avance en el contenido, considerando inútiles las actividades que se relacionaban con la aplicación concreta de estrategias de deducción. Además, respondieron muy positivamente cuando se abordó el estudio de una manera tradicional, al tener que identificar formas verbales y diferentes tiempos de los verbos.

Otro compañero de este grupo formulaba preguntas en torno a las expectativas académicas, así como para profundizar su comprensión. Era abierto con los compañeros, expresando su desacuerdo de manera directa y clara. Buscaba aclarar significados y demostró cierto grado de dependencia en tanto su actuar como alumno. Asimismo, otro sujeto demostró interés en los contenidos y mostró ser participativa, planteando preguntas e interactuando con sus compañeros.

En su entrevista, denotó su tendencia hacia el DP mediado: "Hoy día, los hijos tienen muchas más libertades que antes; ya no se les puede exigir de la misma manera" y "El gobierno solo busca sus propias intereses, si no cambiamos de manera profunda, no se que pasará con este país." En el caso de este grupo, se puede estimar que la observación y la entrevista parecieran confirmar los datos de los cuestionarios.

Otro sujeto en este grupo demostró interés en los contenidos y por lo general, durante todas las sesiones, se mantuvo callado pero participativo, casi no planteaba preguntas ni interactuaba con sus compañeros. No obstante, cuestionó en cuatro ocasiones el sentido del contenido, pero no de manera irrespetuosa sino en el interés de aclarar la aplicación. Trabajó con una pareja casi desinteresadamente, enfocando con tesón la tarea asignada y buscando lograr un resultado razonado con su par. No buscaba integrarse al grupo, no obstante, manteniéndose separada casi en la totalidad de las sesiones. En su interacción en la clase, parece corroborar sus resultados en los cuestionarios aplicados. Por otra parte, en su entrevista, denotó su tendencia hacia el DP bajo en varios sentidos. Al expresar su opinión en torno a la obediencia y disciplina, enfatizó su valoración de la libertad, apertura al cambio y su rechazo de la tradición. Refiriéndose a su hija, afirmó "Realmente no es importante que ella me muestre respeto, me interesa más que entienda, y que me escuche, pero que haga sus propias decisiones," contando que a ella si le habían exigido obediencia sin cuestionar.

Otros dos alumnos muestran una conducta más acorde al indicador: uno expresó con libertad al no entender no ejercicios, o el propósito de ellos, siendo esto congruente con lo que indican los datos de su cuestionario. Otro, pese a demostrar mucha inseguridad el día del examen, y de preocuparse mucho por su desempeño, ya que consideraba que la falta de conocimientos previos le impediría avanzar en el curso, abordó a la profesora en tres ocasiones para comentar su inseguridad de poder completar satisfactoriamente el curso, mostrando la dependencia característica del indicador alto de evasión de la incertidumbre.

Tres alumnos de este grupo, dos del grupo A y uno del grupo C, tuvieron una conducta muy diferente. Uno se mostró inseguro e intimidado, otro mostró una actitud de respeto hacia la maestra y sus compañeros, esmerándose para contestar la evaluación inicial, pero no planteó ninguna pregunta y el tercero no formuló ninguna pregunta, ni acerca de las indicaciones ni acerca del contenido. Pese a haber expresado mucho interés, abandonó el curso después de tres sesiones, afirmando que ya sabía todo lo que necesitaba acera del inglés y que tenía que concentrarse en sus materias de estudio.

Otros dos sujetos tuvieron una conducta contraria al indicador en cuanto a guardar el orden en el salón y el respeto hacia el maestro. Cuando se aplicó el examen final, pese a estar filmando todo, estos dos sujetos se consultaron la respuesta a algunas preguntas, de manera abierta y despreocupada, contradiciendo el perfil en cuanto al DP alto medio.

Otro sujeto de este grupo, al presentar el examen de diagnóstico, se puso nervioso, aduciendo, "Es que, no sé nada, maestra." Durante todas las sesiones demostró interés en los contenidos y mostró ser callado pero participativo, casi no planteaba preguntas ni interactuaba con sus compañeros y fue muy respetuoso en todo momento Resulta muy significativa que cuando sus compañeros estuvieron copiando y poniendo muy poca seriedad al examen final, ella enfocó su trabajo, esmerándose en terminar según las indicaciones recibidas.

Por otro lado, cuatro sujetos de este grupo participaron en el curso en el Internet, el grupo D. Uno desde un principio demostró ser independiente y seguro, sin titubeos para el manejo de la tecnología y el medio. Se comunicó en repetidas ocasiones por correo electrónico para disipar dudas y entró en cuatro ocasiones al aula virtual del curso. Pese a que no se pudo concretar una reunión con el grupo en pleno, este sujeto revisó los contenidos de la página y realizó la evaluación inicial en la misma. En la entrevista que se le hizo, denotó una alta valoración del trabajo colaborativo y de la apertura al cambio, elementos que coinciden con los resultados de su cuestionario. Además, demuestra la alta valoración del auto trascendencia que se detecta en el cuestionario y la amplísima concepción que tiene del conocimiento mismo.

Otro de estos mismos cuatro sujetos, sin embargo, mostró muchos problemas para el manejo de la tecnología y el medio virtual, denotando una resistencia a tratar con lo relativamente desconocido. En la entrevista que se le hizo, se le pudo notar una altísima valoración del control y la tradición, lo cual es muy interesante puesto que resultó ser el único sujeto de los 28 encuestados y observados que expresara una total confianza en el gobierno y las leyes, postura congruente con los datos recogidos en sus cuestionarios en cuanto al DP mediado. Que el poder sea central para este sujeto resalta en su respuesta a la pregunta acerca de la obediencia: "Diría entonces es una relación vertical de conducción del padre a los hijos. Los niños y los jóvenes deben obedecer y mostrarles respeto… en términos de conducción. …hay que decir que si los padres o los adultos no dirigieran a los niños ni a los jóvenes, estos podrían dedicarse al hedonismo, manejando el hedonismo como hay niños que se comen mucho los dulces, es una cuestión biológica pero se tiene que regular.

...Es muy importante lo que es obedecer y el respeto, es de sana convivencia el hecho de que lo que se vivió, lo otro no lo vivió, o lo puede vivenciar pero como ruta mas corta para alcanzar nuevos desafíos y nuevos retos." Expresa de manera clara que pudiera haber consecuencias negativas por la falta de obediencia. Además, demuestra la alta valoración del auto mejoramiento que se detecta en el cuestionario y la concepción compleja que tiene del conocimiento mismo.

Otro sujeto cuya participación en el curso en el Internet fue muy escueta, también proporciona información interesante en la entrevista a profundidad. Al responder acerca del papel que debiera tener el gobierno, afirmó "En esta sociedad diríamos que es la última; es una aspiración, una esperanza tener a un gobierno que vele por la equidad, por la justicia de la sociedad democrática" y a la vez, al cuestionar sobre las obligaciones de la ciudadanía, respondió que los ciudadanos deben cuidar lo que hagan "...sería como una especie de obligación de los ciudadanos estar pidiendo la voz, estar poniendo en cuestionamiento, proponiendo..." puesto que "La tendencia del gobierno es a reprimir, callar, a silenciar; pero yo creo que cada vez más, la sociedad civil se hace escuchar..." Finalmente, al indagar acerca de la apreciación del control y la tradición respondió, "Yo creo que como sociedad, aspiramos a ciertos valores y estamos al pendiente de las utopías, pero creo que también necesitamos de controles, leyes, sí las necesitamos, necesitamos que este regulada *(la vida social)*, que este normada pero, que esta regulación y esta norma sea incluyente, no excluyente." La amplia concepción de la vida social y la perspectiva que encierra también es congruente con sus resultados en los cuestionarios.

Indicador Alto DP

Del total de 28 sujetos, solo cinco sujetos conformaron el grupo de sujetos que reportaron un indicador alto de distancia de poder. La relación entre el DP y el EI en este grupo resulta similar a la observada en los sujetos de bajo DP. Es decir, así como los sujetos de DP bajo tendían a tener el EI también bajo, en este grupo tres de los cuatro resultaron con EI mediado y solo uno lo contrario, EI bajo.

En dos de los valores-tipos encontrados, este grupo se encontró distribuido equitativamente: con referencia a la armonía – control y con referencia a la autonomía- conservación. En el primero, dos favorecieron la armonía, dos el control y uno valoró igualmente a ambos; mientras que tres favorecieron la autonomía y dos la conservación.

Con referencia a la apertura al cambio y la conservación, tres mostraron mayor tendencia a la apertura al cambio, uno a la conservación, y uno igualmente a ambos. En congruencia absoluta con las características del DP alto, la totalidad del grupo, los cinco sujetos, prefirieron la jerarquía a la igualdad.

Por otro lado, se esperaría que la conducta de los alumnos de este grupo en el salón de clase, en cuanto un indicador alto de DP, fuera de guardar respeto para con el maestro, esperando que éste iniciara toda comunicación. Además, dependería de la dirección del maestro y guardarían un orden estricto en el salón. La observación realizada de estos alumnos parece congruente con el perfil determinado por los cuestionarios. Por ejemplo, un sujeto demostró bastante dependencia del profesor, sobre todo al aplicar el examen inicial diagnóstico, planteando preguntas a la profesora durante la aplicación, solicitando ayuda, y respondió muy positivamente cuando se abordó de una manera tradicional el estudio. Otro se mostró un poco preocupado al presentar el examen de diagnóstico pero no hizo preguntas. Demostró interés en los contenidos y mostró ser participativa, planteando preguntas e interactuando con sus compañeros. Además, traía preguntas acerca de temáticas que estaba viendo en otras clases.

Resultó interesante que un sujeto que disfrutaba en el grupo de una situación privilegiada con respeto al conocimiento, pues sus estudios previos a la Maestría que estaba finalizando eran precisamente en torno a la materia en cuestión, pareciera contradecir el perfil dependiente del indicador DP alto. Si bien es cierto que resultó ser muy respetuoso en la clase conforme a su perfil, cuidando de cumplir con todo cuanto le fuera asignado, también expresó su opinión de manera reiterativa y con mucha certeza y seguridad de si mismo. En casi la totalidad de las sesiones de clase, participó de manera activa, aportando comentarios. Asimismo, colaboró con sus compañeros indiferentemente de que se tratara de uno o de otro, mostrándose muy adepto para interactuar con los demás, en grupos o en pares. Pudiera ser que sus antecedentes en la materia sirvieran para contrarrestar la tendencia de las características del DP alto de dependencia y necesidad de un maestro directivo.

Otros dos de los sujetos de este grupo participaron en el grupo A y su conducta observada fue acorde al perfil del indicador de DP alto. Durante la evaluación inicial, uno se esmeró en proporcionar las respuestas correctas, solicitando ayuda repetidamente pero el otro únicamente se limitó a contestar el examen diagnóstico, preguntando a su compañero de lado en tanto no entendiera alguna indicación.

Indicador de la evasión de incertidumbre EI

En cuanto al indicador de evasión de la incertidumbre, la totalidad de los sujetos del estudio, salvo uno, resultaron con un indicador bajo o medio de EI. Es muy interesante que solo uno resultara con EI alto. Se esperaría que a los sujetos de estos dos grupos, en mayor o menor proporción según si son bajos o mediados, buscarían un trato de iguales de parte del profesor y que su proceso de aprendizaje se centrarían en ellos mismos. Sin que considerara al maestro como experto que tiene todas las respuestas, conservarían el respeto al maestro y reconocerían el valor de la simplicidad, no venerando el complicado y elevado discurso valorado por los de alto EI. Además, les agradarían situaciones de aprendizaje abiertas y que les desagradaría mucho a los de bajo EI y en alguna medida a los de EI mediado la estructuración rígida de la actividad en aula.. Se atreverían a expresar dudas y poner en cuestionamiento las ideas del profesor. Tendrían, además una actitud positiva hacia lo nuevo y considerarían el desacuerdo intelectual como un ejercicio estimulante.

La relación inversa entre la dimensiones DP e EI observada en el indicador DP también es congruente en este grupo. De la totalidad de catorce sujetos con bajo EI, solo uno corresponde a un indicador de DP alto, once corresponden a un DP mediado y dos corresponden a un indicador DP bajo.

Asimismo, de estos 14 sujetos, diez son individualistas, tres son colectivistas y solo uno es balanceado entre colectivista-individualista.

En cuanto a los valores a nivel individual, comparten varias tendencias. Un total de ocho favorecen la apertura al cambio por encima de la conservación, cinco tienden a la conservación y dos valoran ambos por igual. Con referencia a la dicotomía auto trascendencia / auto mejoramiento, de este grupo siete sujetos, la mitad, tienden hacia la auto trascendencia y siete favorecen el auto mejoramiento.

Resulta interesante que, en cuanto a los valores de nivel ecológico o cultural, 13 de 14 favorecen la jerarquía/control por sobre la armonía, ya que solo uno denota una mayor valoración de la armonía. Por otro lado, curiosamente, con referencia a la jerarquía en oposición a la igualdad, solo dos favorecieron la jerarquía, cuatro valoraron a ambos igual, y nueve se expresaron a favor de la igualdad. Congruente con un indicador EI bajo, con referencia a los valores de conservación y autonomía, siete sujetos favorecieron la conservación, seis la autonomía y uno valoró ambos de manera igual.

Indicador EI mediado

De la totalidad de 13 sujetos con EI mediado, tres corresponden a un indicador de DP alto, cinco a un indicador DP mediado y tres a un indicador DP bajo. Por otra parte, nueve son individualistas, uno es colectivista y dos son balanceados entre colectivista-individualista.

En cuanto a los valores al nivel individual, comparten varias tendencias. Siete sujetos favorecen aunque ligeramente, la conservación por encima de la apertura al cambio, cinco valoran más la apertura al cambio y uno valora de manera igual tanto la conservación como la apertura. Asimismo, con referencia a las dimensiones de auto trascendencia y auto mejoramiento, cinco expresar una preferencia hacia el auto mejoramiento, seis para el auto trascendencia y uno un valor balanceado entre los dos.

En cuanto a los valores de nivel ecológico o cultural, ocho expresaron preferencia por la jerarquía, tres por la igualdad y uno valora igualmente a ambos. Con referencia a loa valores de jerarquía/control y armonía, once sujetos expresaron valorar mayormente la jerarquía/control, uno valoró igualmente a ambos y solo uno valoró la armonía. Resulta impactante esta valoración ya que en el grupo total de 28 sujetos, solo dos expresaron preferir la armonía, uno del grupo EI bajo y uno del grupo EI mediado. En cuanto a los valores de conservación y autonomía, cinco sujetos expresaron valorar de igual manera ambos, dos prefirieron la conservación y seis prefirieron la autonomía.

Indicador EI Alto

Un solo sujeto de los 28 resultó con un indicador EI alto. A este sujeto le corresponde un indicador de distancia de poder bastante alto y un indicador altísimo de la evasión de la incertidumbre, favoreciendo la conservación de forma absoluta por encima a la apertura al cambio y el auto mejoramiento por encima del auto trascendencia. Además, la valoración que realiza en las dimensiones sociales favorece la conservación sobre la autonomía y el control por sobre la armonía. De manera curiosa, manifiesta estar en completo apoyo de la igualdad, pero demuestra una tendencia hacia lo individualista.

Conforme a este perfil, se esperaría que este sujeto en cuanto al indicador alto de EI, fuera un estudiante bastante dependiente, que no expresara desacuerdo con su maestro, siendo este el "experto" incuestionable. Este sujeto, como se mencionó anteriormente, pareciera contradecir el perfil ya que si bien es cierto que resultó ser muy respetuoso en la clase, cuidando de cumplir con todo cuanto le fuera asignado, también expresó su opinión de manera reiterativa y con mucha certeza y seguridad de si mismo. En casi la totalidad de las sesiones de clase, participó de manera activa, aportando comentarios. Asimismo, colaboró con sus compañeros indiferentemente de que se tratara de uno o de otro, mostrándose muy adepto para interactuar con los demás, en grupos o en pares. Pareciera que sus antecedentes en la materia sirvieran para contrarrestar también la dependencia de la tendencia de EI alto.

Individualista – colectivista IDV

Finalmente se observa el número de sujetos que se definan como individualistas o colectivista. Contrario a lo que resultó en el estudio a nivel país, los sujetos de este estudio resultaron casi todos con una preferencia para el individualismo (20) mediado entre individualismo y colectivismo (4) y solo 4 con un perfil colectivista. Recordemos que México tiene un indicador relativamente bajo (-52) lo cual indica una tendencia más colectivista que individualista, pero en el caso de este grupo la conducta esperada sería diferente con menos dificultad para la integración del grupo en el salón y menos formación de subgrupos en el salón. Tampoco se esperaría observar la predominancia de la evasión en lugar de la confrontación.

Indicador Colectivista

Solo cuatro sujetos resultaron con un indicador colectivista, siendo que este indicador sugiere que el individuo considera primordialmente la indicación del grupo; que el ser miembro del grupo lleva un requerimiento de habilidades y virtudes y esto conlleva el valorar la tradición, haciendo difícil conformar grupos para trabajo. Se esperaría, según los lineamientos de este indicador, que en la clase los estudiantes de culturas colectivistas no formularan preguntas al profesor, contrario a lo que se espera si corresponden a un indicador de DP bajo.

Resulta interesante que en este grupo con tendencia colectivista todos resulten tener un indicador DP alto o mediado: todos valoran altamente la seguridad y el universalismo, tres valoran muy altamente el hedonismo y medianamente alto la tradición siendo que un solo sujeto del grupo valora en menor grado estos dos últimos.

En cuanto a la observación de este grupo, tres de los cuatro participaron en el grupo A y se pudo observar que todos se limitaron a plantear preguntas a la profesora hasta finalizar la clase. Además fueron en su totalidad muy respetuosos con la maestra y muy ordenados en las actividades del curso.

El cuarto miembro de este grupo participó en el curso virtual y se dispone de una entrevista a profundidad de este sujeto que arroja datos interesantes respecto al indicador IDV. Al cuestionarlo acerca de su preferencia por el individuo o el grupo respondió, "Como me he formado en una sociedad muy individualista, por supuesto que permanece en mi la cultura del individualismo, te voy a ser sincera. Lo otro seria verlo como lo ideal, lo ideal seria que lo primero fuera el grupo; sin embargo, no me he formado en una sociedad en donde lo colectivo y el grupo, sea lo mas importante, de manera que, voy privilegiando mi individualidad; Me gustaría, he soñado con lo otro, pero no lo practico grandemente... bueno intento ser solidaria cuando se requiere pero, como que eso no es el principal rector..." No obstante su apreciación de lo que consiste ser colectivista, valora lo que se asocia al colectivismo, y ello se refleja en sus cuestionarios.

Por otra parte, la definición que profirió acerca de la independencia y la libertad, muestra aun más profundamente su valoración colectivista, en tanto el papel que han jugado los valores colectivistas del grupo primario en su vida. Pese a que expresa no valorar la tradición, afirma conservar a la fecha, una relación estrecha con su familia. "Yo creo en la autonomía, yo creo en la independencia…a mi me tocó vivir muchos años atada a mi familia y mi sueño era poder desprenderme, poder hacerme responsable de mis propias cosas; por que yo creo que la independencia y la libertad tienen que ver con esas cosas, yo voy a ser libre, pero esta libertad implica que me tengo que hacer responsable y comprometer de mis propios actos; en ese sentido pienso yo de la independencia y la libertad en la familia."

Indicador Individualistas

La gran mayoría de los sujetos de este estudio, 20 sujetos, conformaron el grupo que resultaron con un indicador individualista. Se esperaría que con este indicador los alumnos no titubearan en cuestionar las ideas del profesor y expresen sus dudas abiertamente. Además, esperan ser tratados como individuo y consideran normal la confrontación y el conflicto.

Asimismo, la interacción en clase se caracterizaría por la formulación de preguntas de parte de los alumnos y se utilizarían estrategias confrontacionales al tratar problemas interpersonales.

Además, tendrían una actitud muy positiva respecto a lo nuevo y al proceso mismo de adquisición de conocimientos.

Las observaciones de estos 20 sujetos y las aportaciones de algunos de ellos en entrevistas a profundidad parecen ser congruentes con este indicador. Por ejemplo, de los 20 sujetos, solo dos tuvieron una participación muy opaca y uno por lo general demostró indiferencia a los contenidos estudiados, así como al trabajo en pares o grupos. Otros formulaban preguntas en torno a las expectativas académicas, así como para profundizar su comprensión y eran abiertos con los compañeros, expresando su desacuerdo de manera directa y clara. Buscaban aclarar significados y demostraron cierto grado de dependencia en tanto su actuar como alumno. Seis sujetos, todos participantes en las clases presenciales demostraron interés en los contenidos y mostraron ser muy participativos, planteando preguntas e interactuando con sus compañeros. Tres demostraron claramente una apertura en cuanto a las cosas nuevas y un interés en el aprender por el aprender, denotando menos interés y motivación instrumental que sus compañeros. Un de ellos en particular se mostró abierto en cuanto al abordaje de conocimientos nuevos, aun en situaciones de aprendizaje que fueron diseñadas a provocar dudas e incertidumbre. Insistía en plantear preguntas cuando no le quedaban claras las ideas y nunca se mostró reacio a recibir una corrección o un comentario referente algún error que tuviera. Los demás mostraron mucha seguridad, expresando con libertad lo que no entendía de los ejercicios o el propósito de ellos

De este grupo, cuatro participaron en el curso del Internet. En cuanto a su participación, uno demostró ser independiente y seguro, y se comunicó en repetidas ocasiones para disipar dudas y entró en cuatro ocasiones al aula virtual del curso. Otro asistió virtualmente una sola vez y no completó ninguna tarea en línea. En su entrevista, al cuestionarlo acerca de la valoración del individuo y demuestra la valoración individual, "Tengo que elegir…me importa más el interés del grupo, **porque el grupo se convierte en, digamos, algo que sujeta al sujeto** porque después esto lo puede expulsar." (Énfasis agregado) Obviamente, siente que el grupo se impone en el individuo, y no para su bien, demostrando renuencia a la apertura.

Otro sujeto de este grupo también demuestra mucho en su entrevista acerca de su valoración de lo individual – colectivo. "La independencia del individuo, la veo con un grado muy alto la independencia porque es la que marca todo lo demás, marca el interés del grupo; el individuo esclavizado o atado, pues no tiene absolutamente nada que hacer en el mundo." Sin embargo, a este sujeto cuando se le pregunta acerca de la familia, núcleo esencial de la cultura colectivista, enfatiza la importancia de su funcionamiento balanceado, ejemplificando una sociedad justa e igualitaria.

El otro sujeto participante en el grupo virtual respondió a toda la comunicación vía correo electrónica, realizo todas la tareas y se notó motivado para desarrollar el conocimiento por el conocimiento mismo.

Indicador balanceado individualista-colectivista

Tres sujetos del estudio resultaron con un indicado balanceado entre individualista-colectivista, valorando ambas tendencias de manera igual. Esto implica que su conducta pudiera variar, dependiendo del contexto y otros factores no previsibles. En general, tomaría en cuenta el grupo pero tampoco tendría problemas en la interacción en grupos; no se vería impedido para expresar dudas y no evadiría la confrontación ni el conflicto; y tendría una actitud positiva hacia lo que es nuevo.

Dos de los tres sujetos de este grupo se conforman completamente a este perfil: ambos tuvieron una participación protagónica en sus grupos, formulando preguntas en todas las sesiones, inclusive preguntas personales en aras de "conocer" a la maestra. El tercero, quien abandonó el curso aduciendo ya saber todo lo que necesitaba saber del idioma, en esta medida denota que la confrontación no le era difícil y se ubicaba más en lo individual que en lo grupal.

Capítulo 7: Observaciones acerca de los valores en las interacciones

Interacción con el contenido en el salón de clase

En el contexto de la educación escolarizado, Hofstede estableció que los estudiantes en países de alto EI favorecen situaciones de aprendizaje con objetivos precisos, tareas detalladas y fechas de entrega muy estrictas. Además, les agradan las situaciones en donde hay una respuesta correcta que pueden encontrar, y esperan ser reconocidos por haberla encontrado. En países de bajo EI, por lo contrario, los estudiantes aborrecen demasiada estructura: prefieren situaciones de aprendizaje abiertas, con objetivos generales, tareas amplias y poco o nada de programación en las fechas de entrega. La sugerencia de que haya una sola respuesta es tabú; esperan recibir reconocimiento por su originalidad.

En cuanto a la dimensión DP, afirma se espera que los estudiantes de las culturas de un alto indicador de DP sigan las indicaciones y deseos de sus maestros y el conformismo se considera bueno. Como consecuencia, la curricula tiende a involucra mucho aprendizaje memorística y a los estudiantes se les inhibe plantear preguntas porque éstas pudieran representar una amenaza a la autoridad del maestro. Por el otro extremo, en culturas de bajo DP, los estudiantes consideran importante su independencia, y tienen mucho menos tendencia de conformarse a las expectativas de los maestros u otras autoridades. El sistema educativo mismo refuerza los valores de bajo DP al enseñarles a los estudiantes a formular preguntas, resolver los problemas de manera creativa y única y a cuestionar la evidencia que lleva a conclusiones. En los sujetos de este estudio se pudo observar lo relativo a esta descripción.

En el grupo A se denotaron varias características de la cultura de alto EI y de alto DP. Los alumnos se mostraron en todo momento un respeto a la maestra y al contenido así como atención al contenido académico de la clase, atendiendo los asuntos de la clase con toda seriedad. Abordaron las lecturas de manera muy metódica y consistente, esperando hallarse en la repetición palabra por palabra la "respuesta correcta" tan valorado en las culturas de alto EI. Expresaron agrado al delimitarse con precisión la descripción de las actividades de todo el contenido (favorecen situaciones de aprendizaje con objetivos precisos, tareas detalladas y fechas de entrega muy estrictas) al inicio del curso y la delimitación precisa en cuanto a la programación de actividades y evaluaciones.

En el grupo C, fue muy diferente, tal vez por tratarse de un curso extracurricular. No demostraron ningún interés en la planeación detallada que se les propuso y le adjudicaron, por lo general, poca importancia al contenido en sí. Uno de los sujetos siempre se mantuvo aislado y nunca dio ningún indicio de que estuviera aprendiendo algo. Otro aseguraba ya saber todo lo que necesitaba del idioma, pese haber salido muy mal en su evaluación inicial. Durante el tiempo de su permanencia, demostró un nerviosismo poco usual y una resistencia en tanto se le presentaba un contenido de manera diferente a lo que estaba acostumbrado. Al respeto, habría que aclarar que, para iniciar la comprensión lectora, se aplicaron estrategias deductivas y meta cognitivas, una perspectiva poca usual. Este alumno inclusive abandonó el curso después de la quinta sesión.

Otros tres sujetos objetaron abiertamente la aplicación de dichas estrategias y uno de ellos preguntó directamente si no se iba a hacer otro tipo de actividad. Respondieron muy positivamente cuando en varias sesiones se abordó el estudio de manera tradicional, identificando verbos y formas verbales. Fueron de hecho las únicas sesiones en que se mostraron realmente interesados en el contenido del curso.

Interacciones entre compañeros y entre alumnos y maestra

En el grupo A, en el grupo B, y también en el curso virtual, los alumnos se mostraron en todo momento un respeto para con la maestra y entre ellos mismos. Además, se apoyaron unos a otros de manera incondicional y no demostraron competitividad entre ellos en el desarrollo de las actividades, pese a que la gran mayoría resultaron con un perfil individualista. El grupo C siempre estuvo desintegrado y no se notó ninguna coherencia grupal, excepto dos compañeras que siempre se acompañaban.

Recordemos que, en cuanto a la expectativa del alumno de cultura de alto EI, Hofstede afirma que se respeta al maestro que utiliza lenguaje académico y críptico y los estudiantes no expresan desacuerdo con sus maestros: el desacuerdo intelectual en asuntos académicos se considera deslealtad personal. Por lo contrario, los alumnos de países de bajo EI respetan al maestro que utiliza lenguaje claro y sencillo y el desacuerdo se considera un ejercicio estimulante. Además, esperan ser tratado como iguales y el proceso educativo es centrado en el alumno.

En el grupo A, su disposición predominante era de sujetos pasivos ante un experto que tuviera la capacidad de impartir, sin mayor intervención de los estudiantes, un contenido acabado y preciso.

También en el grupo B, los alumnos en su totalidad adoptaron estas actitudes de alumnos de cultura de alto EI en cuanto a su relación con la maestra y asumieron el papel de sujeto pasivo cuyo mayor obligación era de poner atención. Cabe hacer mención de que uno de los sujetos asignó tanta importancia a las indicaciones con respecto a la evaluación final que pretendió justificar el no traer lo asignado aduciendo que no se dieron las condiciones explícitas de las indicaciones. Es decir, había quedado de realizar una indagación en una empresa específica y al no lograr la entrevista requerida allí, no hizo nada para realizarla en otra empresa similar. Justificó su incumplimiento llamándolo obediencia.

Al confrontar (estrategia de individualista) la dependencia y falta de auto dirección en su conducta, no lograba entender, así que se le preguntó que era lo que proponía para acreditar el curso, ya que el plazo había vencido. Pese a insistir, intentando obligarlo a asumir la responsabilidad por su elección se negó a aceptar las implicaciones. De manera curiosa ante esta circunstancia, el grupo entero guardó un silencio absoluto. El maestro insistió, planteándole que era situación que él estaba obligado a resolver, pero le era imposible asumir el papel activo y afrontar una decisión que lo centrara en el papel de agente principal.

Por otra parte, los alumnos del grupo C se mostraron sumamente pasivos e indiferentes en un total de 12 de las 15 sesiones del curso. Es importante aclarar que no tan solo no asumían mayor responsabilidad de interactuar con el conocimiento, sino que mostraron un desprecio absoluto del conocimiento mismo. Pese haberse comprometido de manera autónoma a participar en el curso, pareciera que estuvieran obligados a asistir, pero en esa "obligación" no se sentían ni mínimamente responsables a participar.

Capítulo 8: Algunas Conclusiones y comentarios finales

Lo que se observó en los grupos en cuanto a su conducta en el salón y su interacción con el contenido del curso mismo resultó muy interesante considerado en conjunto con los resultados de las encuestas y las entrevistas. A través de la observación de la conducta en el salón de clase y de la intervención didáctica se refuerza y amplía la comprensión de los indicadores que Hofstede estableció a nivel general para México y la descripción que realiza acerca del perfil del alumno mexicano.

Cabe aquí recapitular algunas contradicciones interesantes al respecto. Nos limitamos a las dimensiones de EI, IDV y DP. El perfil del estudiante mexicano derivado de los estudios de Hofstede que se describió en el capítulo 5 estableció que en la dimensión de evasión de la incertidumbre (EI), el indicador era relativamente alto (69), favoreciendo situaciones de aprendizaje con objetivos precisos, tareas detalladas y fechas de entrega muy estrictas.; las situaciones en que hay una respuesta correcta que pueden encontrar y al maestro como el experto que tiene todas las respuestas. Además, los estudiantes en estos países no expresan desacuerdo académico con sus maestros; el desacuerdo intelectual en asuntos académicos se considera deslealtad personal.

En el grupo del estudio, en el rubro del EI, solo uno de los 28 sujetos resultó con un indicador alto de EI, 13 con un indicador medio y 14 con un indicador bajo. No obstante, al expresar los valores preferenciales, 21 de los 25 que completaron la encuesta valoraron medianamente alto el control y los otros cuatro lo valoraron altamente mientras que asignaron un valor muy bajo al valor tipo del extremo contrario, la armonía. En cuanto a la conducta esperada en el salón de clase, todos coincidieron con el perfil tocante la preferencia de una respuesta correcta y las situaciones de aprendizaje bien delimitadas. Sin embargo, en todos los grupos hubieron personas que si expresaron desacuerdo de manera abierta aunque no fue bien visto por el grupo en general.

En la dimensión del individualismo – colectivismo IDV, México resultó con un indicador relativamente bajo (-52) denotando una tendencia más colectivista que individualista, en el cual los estudiantes deben aprender "como hacer" para participar en la sociedad; el diploma es un honor que significa aceptación social a los miembros del "in-group"; y los estudiantes utilizan la evasión, los intermediarios terceros u otras técnicas que permiten conservar la dignidad y el auto—imagen *(face-saving techniques)*, evitando la confrontación y el conflicto.

En este rubro la gran mayoría de los sujetos de este estudio (20) resultaron con un indicador individualista. Se esperaría que con este indicador los alumnos no titubearan en cuestionar las ideas del profesor y expresaran sus dudas abiertamente, considerando normal la confrontación y el conflicto y utilizarían estrategias confrontacionales al tratar problemas interpersonales. Sin embargo, pese a denotar una tendencia individualista, los sujetos de este estudio adoptaron actitudes más colectivista en cuanto la resolución de conflicto y cuestionar las ideas del profesor. Además, todos expresaron valoraron altamente el universalismo, valor tipo del colectivismo y en la dimensión auto trascendencia – auto mejoramiento, todos valoraron mayormente la auto trascendencia.

Con referencia al DP, México tiene un indicador alto (112), bastante más alto que el promedio de otros países latinoamericanos (35), y se puede esperar entonces que a los maestros se les respeta ; el proceso educativo es centrado en el maestro y el maestro delimita los caminos educativos a seguirse; que debe haber un orden estricto en el salón de clase y el maestro es quien inicia toda comunicación y los estudiantes hablan en clase solo cuando se les cede la palabra; y los maestros son tratados con deferencia aun afuera del salón de clase.

Asimismo, se espera que los estudiantes sigan las indicaciones y deseos de sus maestros y el conformismo se considera bueno.

En el caso concreto de este grupo estudiado, solo 5 sujetos resultaron con DP alto, cinco con DP bajo y 18 con un indicador DP medio. Sin embargo, no se observaron actitudes de DP alto ni mediado en tanto se dio un ambiente relajado y de iguales en el salón, tal vez por tratarse de alumnos de postgrado.

Por otra parte, el inventario que estima los valores delimitados por Shalom Schwartz funcionó para identificar congruentemente aquellos valores preferenciales tanto al nivel social como al nivel individual y comparar y contrastar los indicadores nacionales con los que se observaron en el grupo.

No obstante, se espera que este trabajo inicial permita elaborar esquemas para profundizar en el análisis y la investigación en torno a la incidencia de los valores culturales en el aula en estudios posteriores. Asimismo, observar de manera sistemática a través del tiempo y en diversos grupos de alumnos, contrastando con sus respuestas a los cuestionarios y en las entrevistas permitirá construir un marco conceptual flexible de la cultura como fenómeno central al proceso de aprendizaje.

Lo que queda por hacer

No cabe duda que queda mucho por hacer en la indagación acerca de la relación entre valores culturales y el aprendizaje. En primer lugar, se considera prudente ampliar el campo de indagación para observar grupos presenciales durante todo un ciclo escolar, en diferentes contextos incluyendo las instituciones privadas y publicas. Seguir estudiando alumnos de nivel postgrado parece ser lo mas indicado, puesto que sus actitudes y habilidades de aprendizaje han sufrido modificaciones en su proceso de desarrollo intelectual y se encuentran relativamente estables en esa época.

Por otro lado, se considera que de la misma manera, resultaría importante realizar un estudio de profesores, observando sus estilos y predominantes valores y expectativas culturales, así como la existencia de y correspondencia a las tendencias descritas por Schwartz y Hofstede.

Finalmente, se considera que en un futuro sería importante realizar una investigación centrada en las preferencias y estilos de aprendizaje en las interacciones, siendo esta una temática amplia y compleja y de mucha implicación en el aula e interrelacionado de manera estrecha con los valores culturales preferenciales.

Índice temático

en la educación: conducta esperada	
Educación y MAS	69
Indicador MAS alto valora:	
Éxito	64, 69
Logro académico	51, 63, 69, 82
Competitividad	64, 82
Asertividad (auto afirmación)	64 – 66, 126
Indicador MAS bajo valora:	
Colaboración	64, 69, 121, 132
Solidaridad	63, 69, 121, 132, 133
Conscientización	65, 69
Educación y IDV	70
Indicador individualista valora:	
Trato individual diferenciado	70, 109
Confrontación / conflicto	60, 70, 127, 133
Situaciones nuevas	65, 112, 125, 131
Formular preguntas en el salón	72, 105, 107, 109, 110, 116, 125, 126, 130
Indicador colectivista valora:	
La percepción del grupo	70, 112
La tradición: adaptarse a la sociedad	63, 73
Evasión: conservación de "face"	60. 83, 122, 131
Guardar un perfil bajo	72, 109, 131
Educación e EI	72
Indicador EI alto valora:	
Una sola respuesta "correcta"	73, 82, 115, 116, 130
Tareas estructuradas	63, 72, 82, 108, 115, 129, 130, 132
Programación en el tiempo	72, 82, 129, 130
Maestro "experto"	73, 82, 121
Lenguaje académico y críptico	73, 82
No expresar desacuerdo con el maestro	73, 82
La divergencia es una amenaza	65
Indicador EI bajo valora:	
Muchas posibles respuestas	73, 129
La originalidad	60, 73, 129
Situaciones de aprendizaje abiertas	73

Poca o nada de programación	73
El maestro que dice "no se"	73
Lenguaje claro	74
Textos que explican de manera clara	74
Tomar riesgos	63
El desacuerdo es aceptable	74
La divergencia no es amenaza	63
Educación y DP	74
Indicador DP alto valora:	
El orden estricto en el salón	74, 84, 108, 111, 115, 121, 123
El maestro inicia comunicación	76, 83
Proceso centrado en el maestro	76, 84, 132
Proceso altamente personalizado	75, 84
Respeto y trato diferenciado	75, 83, 105, 110, 111, 115, 121, 123, 130
Sabiduría personal del maestro	75, 132
Aprendizaje memorístico	76, 84, 129
Conformarse a las expectativas de los maestros	64 -66, 76, 84, 130
Indicador DP bajo valora:	
Mayor libertad en la clase	76
Tanto alumnos como maestros pueden iniciar la comunicación	76, 107, 111, 121
Proceso igualitaria maestros / alumnos	76
Proceso impersonal	75
Trato de iguales	75
Un "saber" predefinido, independiente del maestro	75
Cuestionar y formular preguntas	76
La independencia de juicio	76
Los valores básicos (Kluckhohn y Strodbeck)	18, 67
Temáticas: el ser mismo; la familia; la sociedad; la naturaleza humana; a naturaleza; lo sobrehumano	67
Los valores básicos (Schwartz)	18, 61-66
Dimensiones de nivel social/ecológico	61-63, 65-66, 88, 89, 92, 98
Compromiso igualitario / jerarquía	61, 63, 65-66, 88, 89, 92, 98
Conservación / autonomía	63, 65, 66, 88, 89, 92, 98
Control / armonía	63, 65, 66, 88, 89,

	92, 98
Valores "tipo" sociales:	63, 65, 66, 88, 89, 92, 98
Jerarquía / igualdad	63, 65, 66, 88, 89, 92, 98
Jerarquía –control / armonía	63, 65, 66, 88, 89, 92, 98
Conservación ("embeddedness" permanencia) / autonomía intelectual / autonomía afectiva	63, 65, 66, 88, 89, 92, 98
Dimensiones de nivel personal	61,62,63, 88, 89, 92, 98
Auto mejoramiento / auto trascendencia	65, 66, 88, 89, 92, 98
Conservación / apertura al cambio	65, 66, 88, 89, 92, 98
Valores "tipo" personales:	64 – 66, 88, 89, 92, 98
Universalismo / logro	64 – 66, 88, 89, 92, 98
Benevolencia / poder	63, 65, 66, 88, 89, 92, 98
Conformismo	64 – 66, 88, 89, 92, 98
Tradición	63, 65, 66, 88, 89, 92, 98
Seguridad	63, 65, 66, 88, 89, 92, 98
Auto - dirección	64 – 66, 88, 89, 92, 98
Estímulo	64 – 66, 88, 89, 92, 98
Hedonismo	64 – 66, 88, 89, 92, 98
Patrones de pensamientos y/o estilos de discurso	17, 57-60
Otorgar / restaurar "FACE"	59, 60, 70, 83
Manejo de conflicto	60, 70
Tipos de estudio de la cultura	17- 20
Comportamientos observables en conjunción con valores y sistemas de valores	17, 20

Bajo contexto / alto contexto	20, 26, 59
Monocrónica / policrónica	21, 22, 23
Dimensiones de Hofstede	24-49
Patrones de pensamiento / estilos de discurso	17, 57-60
lógico / prelógico; inductivo / deductivo; abstracto / concreto; alfabético / analfabético	57
Directo; paralelo; espiral; flecha	58
Valores básicos	61-67
Valores de Shalom Schwartz	61-66
Valores de Kluckhorn	67

Referencias bibliográficas

Auyeung, P., & Sands, J. (1997). A cross-cultural study of the learning style of accounting students. Accounting and Finance, 36(2), 261-274.

Babbie, Earl R. (1980) Sociology, An introduction. Wadsworth Publishing Company, Belmont, CA.

Baron J.,& Sternberg, R. J.(Eds). (1987) Teaching thinking skills, New York: Freeman

Bates, A. (1995) *Technology, Open Learning and Distance Education*, London: Routledge.

Bowers, C. A. (1988): *The Cultural Dimensions of Educational Computing: Understanding the Non-Neutrality of Technology*. New York: Teachers College Press

Candy, P.C. (1991), Self-Direction for Lifelong Learning. San Francisco: Jossey-Bass.

Carey, James W. (1992): Communication as culture, London: Routledge

Castaño, Carlos. "La investigación en medios y materiales de enseñanza," Universidad del País Vasco En Cuadernos para el análisis, Para una Tecnología Educativa, Juana Ma. Sancho, Coord, Editorial Horsori, Barcelona, 1994

Chamot, A. U., & O'Malley, J. M. (1993). The CALLA handbook: Implementing the Cognitive Academic Language Learning Approach. Reading, MA: Addison-Wesley.

Chickering, Arthur W. y Ehrmann, Stephen C. (2000) IMPLEMENTING THE SEVEN PRINCIPLES: Technology as Lever, Center for Educational Research and Innovation, Organization for Economic Cooperation and Development. Paris: 1993, 1994.

Contreras Domingo, (1990) J. Enseñanza, Curriculum y Profesorado. Ed. Akal, Madrid, España.

Costa, A. Developing Minds. (1991) Association for Curriculum and Staff Development.

Cravener, Patricia (2000) Excellent learning experiences online, *Online Teaching and Learning Newsletter*

Cyrs, T. E. (1997). Competence in teaching at a distance. *New Directions for Teaching and Learning, 71,* 15-18.

Dahl, Stephen. An overview of intercultural research. http://stephan.dahl.at/intercultural/Hofstede_dimensions.html

Doktor, R. H. (1982). A cognitive approach to culturally appropriate HRD programs. Training and Development Journal, 36(10), 32-36.

Earley, P. C. (1994). Self or group? Cultural effects of training on self-efficacy and performance. Administrative Science Quarterly, 39(1), 89-117.

Fleming, Malcolm and W. Howard Levie (Eds.) (1993) Instructional Message Design. New Jersey: Englewood Cliffs. Capítulos 1 y 7

Francis, J. L. (1995). Training across cultures. Human Resource Development Quarterly, 6(1), 101-107.

Geber, B. (1989). A global approach to training. Training, 26(9), 42-47.

Griffin, E. (1997). A First Look at Communication Theory. New York, McGraw Hill inc.

Hall, E.T. (1990). *Understanding cultural differences.* Yarmouth, ME: Intercultural Press.

Hall, E.T. (1977). *Beyond culture.* Garden City, NY: Anchor Press/Doubleday.

Hansen, C. D., & Brooks, A. K. (1994). A review of cross-cultural research on human resource development. Human Resource Development Quarterly, 5(1), 55-74.

Hayes, J., & Allinson, C. H. (1988). Cultural differences in the learning styles of managers. Management International Review, 28(3), 75-80.

Hofstede, G. (1980). *Culture's consequences: International differences in work-related values.* Newbury Park, CA: Sage.

Hofstede, G. (1986). Cultural differences in teaching and learning. *International Journal of Intercultural Relations,* 10, 301-320.

Hofstede, G. (1991). *Cultures and organizations: Software of the mind.* London: McGraw-Hill.

Hofstede, G., & Bond, M. H. (1988). Confucius & economic growth: New trends in culture's consequences. *Organizational Dynamics,* 16 (4), 4-21

Hofstede, G. *Uncommon Sense about Organizations: Cases, Studies, and Field Observations*, London: Sage, 1994.

Hofstede, G. Riding the waves of commerce: A test of Trompenaars' 'model' of national cultural differences, *International Journal of Intercultural Relations*, 20(2), 189-198, 1996.

Hofstede, G. The Archimedes effect, In: M.H. Bond, *Working at the Interface of Cultures: Eighteen Lives in Social Science*, London: Routledge, (1997).

Holmberg, B. (1995). *Theory and practice of distance education*. New York: Routledge.

Hvitfeldt, C. (1986). Traditional culture, perceptual style, and learning: The classroom behavior of Hmong adults. Adult Education Quarterly, 36(2), 65-77.

Kaplan, R. B. (1966). Cultural thought and patterns in inter-cultural education. Language Learning, 16, 1-20.

Kluckhohn, F and F. Strodbeck. (1961) *Variations in value orientations*. Evanston, Ill: Row Peterson.

Knowles, Malcolm. (1998). "The Modern Practice of Adult Education." Lifelong Learning Today. January p.13.

Kolb, D. (1984). Experiential Learning: Experience as the Source Of Learning and Development. Englewood Cliffs, NJ: Prentice-Hall.

Lustig, Myron W. & Koester, Jolene. (1996) Intercultural Competence: Communication Across Cultures. Harper Collins College Publishers, NY.

Mao, LuMing. (2003) Reflective Encounters: illustrating comparative rhetoric. Miami University of Ohio.

McDermott, S. (1977). The cultural context of learning to read. In Wanat, S. (Ed.). Issues in evaluating reading. Washington, DC: Center for Applied Linguistics.

Miller, George. (1975) Language and Perception, Cambridge: Harvard University Press.

Nickerson, Raymond S. y otros (1987) .Enseñar a pensar. Aspectos de la aptitud intelectual. Paidós: Barcelona

Orlich, Donald C. et al. (1995) Técnicas de enseñanza. Modernización en el aprendizaje. México: Limusa.

Peterson, L. A. (1997). International HRD: What we know and don't know. Human Resource Development Quarterly, 8(1), 63-79.

Sapir, E. (1929): 'The Status of Linguistics as a Science'. In E. Sapir (1958): *Culture, Language and Personality* (ed. D. G. Mandelbaum). Berkeley, CA: University of California Press

Schaff, Adam.(1967) Lenguaje y Conocimiento. México: Ed. Grijalbo.

Schwartz, S. (1992) Universals in the content and structure of values: Theoretical advances and tests in 20 countries. En M. Zanna (ed.), Advances in experimental social psychology (Vol. 25, pp. 1-65). Orlando, FL: Academic Press.

Schwartz, S. (1994) Are there universal aspects in the structure and content of human values? Journal of Social Issues, 50, 19-45.

Schwartz, S. (1994) Beyond individualism/collectivism: New cultural dimensions of values. In: U. Kim, H.C. Triandis, C. Kagitcibasi, S. C. Choi, and G. Yoon (eds.). *Individualism and Collectivism: Theory, Method and Applications*. Thousand Oaks (CA): Sage, pp. 85-119.

Slavin, R. (1996). Research on cooperative learning and achievement. *Contemporary Educational Psychology, 21*(1), 43-69

Steffe, L.P. y Gale, J. (eds.) (1995) Constructivism in Education, Hillsdale, N.J., Erlbaum.

Stenhouse, L. (1984) Investigación y desarrollo del curriculum. (2nd. ed) Madrid: Ed. Morata,

Sternberg, R.J.(1990) Metaphors of Mind: Conceptions of the Nature of Intelligence, New York, Cambridge University Press

Ting-Toomey, Stella. (1985) "Toward a Theory of Conflict and Culture" Communication, Culture and Organizational Processes, pp 71-86 Gudykunst, Steward, Ting-Toomey eds. Sage, Beverly Hills, CA

Tobin, J. J., Wu, D. Y. H., & Davidson, D. H.(1989). Preschool in three cultures: Japan, China, and the United States. New Haven: Yale University.

Triandis, H.C. (1995) *Culture and Social Behavior*, New York: McGraw-Hill.

Trompenaars, F. (1993) Riding the waves of culture: Understanding cultural diversity, London: The Economist Books.

Ulijn, Jan. (2002) *Geert Hofstede: the Founder of a Cultural Science.* Dale Research Encyclopedia of Management (3rd edition) Eindhoven University of Technology (NL)

Wardhaugh, Ronald. (1986) <u>An Introduction to Sociolinguistics</u>, Basil Blackwell, New York.

Whorf . B.L.(1956): *Language, Thought and Reality* (ed. J. B. Carroll). Cambridge, MA: MIT Press

Wigglesworth, D. C.(1987). Is OD basically Anglo-Saxon? Some potentially controversial thoughts on applying OD in other cultures. <u>Leadership and Organization Development Journal,</u> 8(2), 29-31.

Williams, Raymond (1976*): Keywords: A Vocabulary Of Culture And Society.* London: Fontana

Witkin, H. A., Moore, C. A., Goodenough, D. R., & Cox, P. W. (1977). Field dependent and field-independent cognitive styles and their educational implications. <u>Review of Educational Research,</u> 47(1), 1-64.

Yook, E. L., & Albert, R. D. (1998). Perceptions of the appropriateness of negotiation in educational settings: A cross-cultural comparison among Koreans and Americans. <u>Communication Education,</u> 47(1), 18-29.